最新法律文件解读丛书

刑事
法律文件解读

XINGSHI FALÜ WENJIAN JIEDU

人民法院出版社 编

总第 191 辑　2021.05

人民法院出版社

图书在版编目(CIP)数据

刑事法律文件解读. 总第191辑 / 人民法院出版社编
. --北京：人民法院出版社, 2021.9
(最新法律文件解读丛书)
ISBN 978-7-5109-3234-2

Ⅰ.①刑… Ⅱ.①人… Ⅲ.①刑法-法律解释-中国
②刑事诉讼法-法律解释-中国 Ⅳ.①D924.05
②D925.205

中国版本图书馆CIP数据核字(2021)第143002号

刑事法律文件解读·总第191辑
人民法院出版社　编

责任编辑　路建华　**执行编辑**　杨晓燕
出版发行　人民法院出版社
地　　址　北京市东城区东交民巷27号　邮编　100745
电　　话　(010)67550508(责任编辑)　67550558(发行部查询)
65223677(读者服务部)
客服QQ　2092078039
网　　址　http://www.courtbook.com.cn
E - mail　courtbook@sina.com
印　　刷　三河市国英印务有限公司
经　　销　新华书店
开　　本　787毫米×1092毫米　1/16
字　　数　108千字
印　　张　8
版　　次　2021年9月第1版　2021年9月第1次印刷
书　　号　ISBN 978-7-5109-3234-2
定　　价　28.00元

卷首语

为进一步加强虚假诉讼犯罪惩治工作，保护自然人、法人和非法人组织的合法权益，促进社会诚信建设，维护司法公正和司法权威，最高人民法院、最高人民检察院、公安部、司法部于2021年3月4日印发《关于进一步加强虚假诉讼犯罪惩治工作的意见》（以下简称《意见》），自3月10日起施行。《意见》共7章、29条，对实体和程序多个方面的内容作出了规定。本辑重点收录了《意见》及其解读文章，以便相关刑事办案人员了解和准确把握《意见》的具体内容。

本辑还收录了最高人民检察院发布的第二十六批、第二十七批指导性案例，以及最高人民检察院、中国人民银行惩治洗钱犯罪典型案例。

此外，本辑在“司法实务问题研究”栏目刊载了《微信群组织抢红包行为的司法认定》，在“新类型疑难案例选评”栏目刊载了《罗某利滥用职权案——“因公”滥用职权的行为定性》，对刑事审判工作中审理相关案件具有一定的借鉴及参考作用。

《最新法律文件解读》丛书

编 辑 部

兰丽专　（010）67550626

丁丽娜　（010）67550608

张　奎　（010）67550673

路建华　（010）67550660

杨晓燕　（010）67550508

执行编辑　杨晓燕

邮　　箱　5184621@qq. com

目录

司法解释、司法指导性文件与解读

指导案例、典型案例与解读

司法实务问题研究

新类型疑难案例选评

司法解释、司法指导性文件与解读

最高人民法院　最高人民检察院　公安部　司法部
关于进一步加强虚假诉讼犯罪惩治工作的意见

2021年3月4日　　　　　　　　法发〔2021〕10号

第一章　总　　则

第一条　为了进一步加强虚假诉讼犯罪惩治工作，维护司法公正和司法权威，保护自然人、法人和非法人组织的合法权益，促进社会诚信建设，根据《中华人民共和国刑法》《中华人民共和国刑事诉讼法》《中华人民共和国民事诉讼法》和《最高人民法院、最高人民检察院关于办理虚假诉讼刑事案件适用法律若干问题的解释》等规定，结合工作实际，制定本意见。

第二条　本意见所称虚假诉讼犯罪，是指行为人单独或者与他人恶意串通，采取伪造证据、虚假陈述等手段，捏造民事案件基本事实，虚构民事纠纷，向人民法院提起民事诉讼，妨害司法秩序或者严重侵害他人合法权益，依照法律应当受刑罚处罚的行为。

第三条　人民法院、人民检察院、公安机关、司法行政机关应当按照法定职责分工负责、配合协作，加强沟通协调，在履行职责过程中发现可能存在虚假诉讼犯罪的，应当及时相互通报情况，共同防范和惩治虚假诉讼犯罪。

第二章 虚假诉讼犯罪的甄别和发现

第四条 实施《最高人民法院、最高人民检察院关于办理虚假诉讼刑事案件适用法律若干问题的解释》第一条第一款、第二款规定的捏造事实行为，并有下列情形之一的，应当认定为刑法第三百零七条之一第一款规定的“以捏造的事实提起民事诉讼”：

（一）提出民事起诉的；

（二）向人民法院申请宣告失踪、宣告死亡，申请认定公民无民事行为能力、限制民事行为能力，申请认定财产无主，申请确认调解协议，申请实现担保物权，申请支付令，申请公示催告的；

（三）在民事诉讼过程中增加独立的诉讼请求、提出反诉，有独立请求权的第三人提出与本案有关的诉讼请求的；

（四）在破产案件审理过程中申报债权的；

（五）案外人申请民事再审的；

（六）向人民法院申请执行仲裁裁决、公证债权文书的；

（七）案外人在民事执行过程中对执行标的提出异议，债权人在民事执行过程中申请参与执行财产分配的；

（八）以其他手段捏造民事案件基本事实，虚构民事纠纷，提起民事诉讼的。

第五条 对于下列虚假诉讼犯罪易发的民事案件类型，人民法院、人民检察院在履行职责过程中应当予以重点关注：

（一）民间借贷纠纷案件；

（二）涉及房屋限购、机动车配置指标调控的以物抵债案件；

（三）以离婚诉讼一方当事人为被告的财产纠纷案件；

（四）以已经资不抵债或者已经被作为被执行人的自然人、法人和非法人组织为被告的财产纠纷案件；

（五）以拆迁区划范围内的自然人为当事人的离婚、分家析产、继承、房屋买卖合同纠纷案件；

（六）公司分立、合并和企业破产纠纷案件；

（七）劳动争议案件；

（八）涉及驰名商标认定的案件；

（九）其他需要重点关注的民事案件。

第六条 民事诉讼当事人有下列情形之一的，人民法院、人民检察院在履行职责过程中应当依法严格审查，及时甄别和发现虚假诉讼犯罪：

（一）原告起诉依据的事实、理由不符合常理，存在伪造证据、虚假陈述可能的；

（二）原告诉请司法保护的诉讼标的额与其自身经济状况严重不符的；

（三）在可能影响案外人利益的案件中，当事人之间存在近亲属关系或者关联企业等共同利益关系的；

（四）当事人之间不存在实质性民事权益争议和实质性诉辩对抗的；

（五）一方当事人对于另一方当事人提出的对其不利的事实明确表示承认，且不符合常理的；

（六）认定案件事实的证据不足，但双方当事人主动迅速达成调解协议，请求人民法院制作调解书的；

（七）当事人自愿以价格明显不对等的财产抵付债务的；

（八）民事诉讼过程中存在其他异常情况的。

第七条 民事诉讼代理人、证人、鉴定人等诉讼参与人有下列情形之一的，人民法院、人民检察院在履行职责过程中应当依法严格审查，及时甄别和发现虚假诉讼犯罪：

（一）诉讼代理人违规接受对方当事人或者案外人给付的财物或者其他利益，与对方当事人或者案外人恶意串通，侵害委托人合法权益的；

（二）故意提供虚假证据，指使、引诱他人伪造、变造证据、提供虚假证据或者隐匿、毁灭证据的；

（三）采取其他不正当手段干扰民事诉讼活动正常进行的。

第三章　线索移送和案件查处

第八条　人民法院、人民检察院、公安机关发现虚假诉讼犯罪的线索来源包括：

（一）民事诉讼当事人、诉讼代理人和其他诉讼参与人、利害关系人、其他自然人、法人和非法人组织的报案、控告、举报和法律监督申请；

（二）被害人有证据证明对被告人通过实施虚假诉讼行为侵犯自己合法权益的行为应当依法追究刑事责任，且有证据证明曾经提出控告，而公安机关或者人民检察院不予追究被告人刑事责任，向人民法院提出的刑事自诉；

（三）人民法院、人民检察院、公安机关、司法行政机关履行职责过程中主动发现；

（四）有关国家机关移送的案件线索；

（五）其他线索来源。

第九条　虚假诉讼刑事案件由相关虚假民事诉讼案件的受理法院所在地或者执行法院所在地人民法院管辖。有刑法第三百零七条之一第四款情形的，上级人民法院可以指定下级人民法院将案件移送其他人民法院审判。

前款所称相关虚假民事诉讼案件的受理法院，包括该民事案件的一审、二审和再审法院。

虚假诉讼刑事案件的级别管辖，根据刑事诉讼法的规定确定。

第十条 人民法院、人民检察院向公安机关移送涉嫌虚假诉讼犯罪案件，应当附下列材料：

（一）案件移送函，载明移送案件的人民法院或者人民检察院名称、民事案件当事人名称和案由、所处民事诉讼阶段、民事案件办理人及联系电话等。案件移送函应当附移送材料清单和回执，经人民法院或者人民检察院负责人批准后，加盖人民法院或者人民检察院公章；

（二）移送线索的情况说明，载明案件来源、当事人信息、涉嫌虚假诉讼犯罪的事实、法律依据等，并附相关证据材料；

（三）与民事案件有关的诉讼材料，包括起诉书、答辩状、庭审笔录、调查笔录、谈话笔录等。

人民法院、人民检察院应当指定专门职能部门负责涉嫌虚假诉讼犯罪案件的移送。

人民法院将涉嫌虚假诉讼犯罪案件移送公安机关的，同时将有关情况通报同级人民检察院。

第十一条 人民法院、人民检察院认定民事诉讼当事人和其他诉讼参与人的行为涉嫌虚假诉讼犯罪，除民事诉讼当事人、其他诉讼参与人或者案外人的陈述、证言外，一般还应有物证、书证或者其他证人证言等证据相印证。

第十二条 人民法院、人民检察院将涉嫌虚假诉讼犯罪案件有关材料移送公安机关的，接受案件的公安机关应当出具接受案件的回执或者在案件移送函所附回执上签收。

公安机关收到有关材料后，分别作出以下处理：

（一）认为移送的案件材料不全的，应当在收到有关材料之日起三日内通知移送的人民法院或者人民检察院在三日内补正。不得以材料不全为由不接受移送案件；

（二）认为有犯罪事实，需要追究刑事责任的，应当在收到有关材料之日起三十日内决定是否立案，并通知移送的人民法院或者人民检察院；

（三）认为有犯罪事实，但是不属于自己管辖的，应当立即报经县级以上公安机关负责人批准，在二十四小时内移送有管辖权的机关处理，并告知移送的人民法院或者人民检察院。对于必须采取紧急措施的，应当先采取紧急措施，然后办理手续，移送主管机关；

（四）认为没有犯罪事实，或者犯罪情节显著轻微不需要追究刑事责任的，或者具有其他依法不追究刑事责任情形的，经县级以上公安机关负责人批准，不予立案，并应当说明理由，制作不予立案通知书在三日内送达移送的人民法院或者人民检察院，退回有关材料。

第十三条 人民检察院依法对公安机关的刑事立案实行监督。

人民法院对公安机关的不予立案决定有异议的，可以建议人民检察院进行立案监督。

第四章 程序衔接

第十四条 人民法院向公安机关移送涉嫌虚假诉讼犯罪案件，民事案件必须以相关刑事案件的审理结果为依据的，应当依照民事诉讼法第一百五十条第一款第五项的规定裁定中止诉讼。刑事案件的审理结果不影响民事诉讼程序正常进行的，民事案件应当继续审理。

第十五条 刑事案件裁判认定民事诉讼当事人的行为构成虚假诉讼犯罪，相关民事案件尚在审理或者执行过程中的，作出刑事裁判的人民法院应当及时函告审理或者执行该民事案件的人民法院。

人民法院对于与虚假诉讼刑事案件的裁判存在冲突的已经发生法律效力的民事判决、裁定、调解书，应当及时依法启动审判监督程序予以纠正。

第十六条 公安机关依法自行立案侦办虚假诉讼刑事案件的，应当在立案后三日内将立案决定书等法律文书和相关材料复印件抄送对相关民事案件正在审理、执行或者作出生效裁判文书的人民法院并说明立案理由，同时通报办理民事案件人民法院的同级人民检察院。对相关民事案件正在审理、执行或者作出生效裁判文书的人民法院应当依法审查，依照相关规定做出处理，并在收到材料之日起三十日内将处理意见书面通报公安机关。

公安机关在办理刑事案件过程中，发现犯罪嫌疑人还涉嫌实施虚假诉讼犯罪的，可以一并处理。需要逮捕犯罪嫌疑人的，由侦查该案件的公安机关提请同级人民检察院审查批准；需要提起公诉的，由侦查该案件的公安机关移送同级人民检察院审查决定。

第十七条 有管辖权的公安机关接受民事诉讼当事人、诉讼代理人和其他诉讼参与人、利害关系人、其他自然人、法人和非法人组织的报案、控告、举报或者在履行职责过程中发现存在虚假诉讼犯罪嫌疑的，可以开展调查核实工作。经县级以上公安机关负责人批准，公安机关可以依照有关规定拷贝电子卷或者查阅、复制、摘录人民法院的民事诉讼卷宗，人民法院予以配合。

公安机关在办理刑事案件过程中，发现犯罪嫌疑人还涉嫌实施虚假诉讼犯罪的，适用前款规定。

第十八条 人民检察院发现已经发生法律效力的判决、裁定、调解书系民事诉讼当事人通过虚假诉讼获得的，应当依照民事诉讼法第二百零八条第一款、第二款等法律和相关司法解释的规定，向人民法院提出再审检察建议或者抗诉。

第十九条 人民法院对人民检察院依照本意见第十八条的规定提出再审检察建议或者抗诉的民事案件，应当依照民事诉讼法等法律和相关司法解释的规定处理。按照审判监督程序决定再审、需要中止执行的，裁定中止原判决、裁定、调解书的执行。

第二十条 人民检察院办理民事诉讼监督案件过程中，发现存在虚假诉讼犯罪嫌疑的，可以向民事诉讼当事人或者案外人调查核实有关情况。有关单位和个人无正当理由拒不配合调查核实、妨害民事诉讼的，人民检察院可以建议有关人民法院依照民事诉讼法第一百一十一条第一款第五项等规定处理。

人民检察院针对存在虚假诉讼犯罪嫌疑的民事诉讼监督案件依照有关规定调阅人民法院的民事诉讼卷宗的，人民法院予以配合。通过拷贝电子卷、查阅、复制、摘录等方式能够满足办案需要的，可以不调阅诉讼卷宗。

人民检察院发现民事诉讼监督案件存在虚假诉讼犯罪嫌疑的，可以听取人民法院原承办人的意见。

第二十一条 对于存在虚假诉讼犯罪嫌疑的民事案件，人民法院可以依职权调查收集证据。

当事人自认的事实与人民法院、人民检察院依职权调查并经审理查明的事实不符的，人民法院不予确认。

第五章　责任追究

第二十二条 对于故意制造、参与虚假诉讼犯罪活动的民事诉讼当事人和其他诉讼参与人，人民法院应当加大罚款、拘留等对妨害民事诉讼的强制措施的适用力度。

民事诉讼当事人、其他诉讼参与人实施虚假诉讼，人民法院向公安机关移送案件有关材料前，可以依照民事诉讼法的规定先行予以罚款、拘留。

对虚假诉讼刑事案件被告人判处罚金、有期徒刑或者拘役的，人民法院已经依照民事诉讼法的规定给予的罚款、拘留，应当依法折抵相应罚金或者刑期。

第二十三条 人民检察院可以建议人民法院依照民事诉讼法的规定，对故意制造、参与虚假诉讼的民事诉讼当事人和其他诉讼参与人采取罚款、拘留等强制措施。

第二十四条 司法工作人员利用职权参与虚假诉讼的，应当依照法律法规从严处理；构成犯罪的，依法从严追究刑事责任。

第二十五条 司法行政机关、相关行业协会应当加强对律师、基层法律服务工作者、司法鉴定人、公证员、仲裁员的教育和管理，发现上述人员利用职务之便参与虚假诉讼的，应当依照规定进行行政处罚或者行业惩戒；构成犯罪的，依法移送司法机关处理。律师、基层法律服务工作者、司法鉴定人、公证员、仲裁员利用职务之便参与虚假诉讼的，依照有关规定从严追究法律责任。

人民法院、人民检察院、公安机关在办理案件过程中，发现律师、基层法律服务工作者、司法鉴定人、公证员、仲裁员利用职务之便参与虚假诉讼，尚未构成犯罪的，可以向司法行政机关、相关行业协会或者上述人员所在单位发出书面建议。司法行政机关、相关行业协会或者上述人员所在单位应当在收到书面建议之日起三个月内作出处理决定，并书面回复作出书面建议的人民法院、人民检察院或者公安机关。

第六章 协作机制

第二十六条 人民法院、人民检察院、公安机关、司法行政机关探索建立民事判决、裁定、调解书等裁判文书信息共享机制和信息互通数据平台，综合运用信息化手段发掘虚假诉讼违法犯罪线索，逐步实现虚假诉讼违法犯罪案件信息、数据共享。

第二十七条 人民法院、人民检察院、公安机关、司法行政机关落实“谁执法谁普法”的普法责任制要求，通过定期开展法治宣传、向社会公开发布虚假诉讼典型案例、开展警示教育等形式，增强全社会对虚假诉讼违法犯罪的防范意识，震慑虚假诉讼违法犯罪。

第七章 附 则

第二十八条 各省、自治区、直辖市高级人民法院、人民检察院、公安机关、司法行政机关可以根据本地区实际情况，制定实施细则。

第二十九条 本意见自2021年3月10日起施行。

解读——

《关于进一步加强虚假诉讼犯罪惩治工作的意见》

滕 伟 叶邵生 丁成飞 李加玺*

为进一步加强虚假诉讼犯罪惩治工作，保护自然人、法人和非法人组织的合法权益，促进社会诚信建设，维护司法公正和司法权威，最高人民法院、最高人民检察院、公安部、司法部于2021年3月4日印发《关于进一步加强虚假诉讼犯罪惩治工作的意见》（以下简称《意见》），自3月10日起施行。《意见》分为总则、虚假诉讼犯罪的甄别和发现、线索移送和案件查处、程序衔接、责任追究、协作机制、附则等7章，共29条，对实体和程序多个方面的内容作出了规定。为便于实践中正确理解和适用，现就《意见》涉及的有关问题作简要说明。

* 作者单位：最高人民法院。

一、《意见》的制定背景和指导思想

虚假诉讼行为侵害民事主体合法权益，严重扰乱诉讼秩序，损害司法权威，人民群众反映强烈，迫切需要采取措施予以解决。党的十八届四中全会通过的《中共中央关于全面推进依法治国若干重大问题的决定》提出，加大对虚假诉讼、恶意诉讼、无理缠诉行为的惩治力度。2015 年 11 月施行的刑法修正案（九）增设虚假诉讼罪，将以捏造的事实提起民事诉讼、妨害司法秩序或者严重侵害他人合法权益的行为纳入刑事处罚范围，为采用刑事手段打击虚假诉讼提供了法律依据。

最高人民法院坚决贯彻落实党中央决策部署，高度重视对虚假诉讼违法犯罪的惩治工作，先后制定出台了多个刑事和民事司法解释及规范性文件。其中，2018 年 9 月与最高人民检察院联合公布《关于办理虚假诉讼刑事案件适用法律若干问题的解释》（以下简称《虚假诉讼犯罪司法解释》），对刑法规定的虚假诉讼罪的行为特征、定罪量刑标准、刑事政策把握等作了规定。但是，实践中仍然存在对虚假诉讼犯罪甄别发现不及时、司法机关查办虚假诉讼刑事案件沟通协作机制不健全、相关刑事诉讼和民事诉讼程序衔接不畅等问题，影响对虚假诉讼犯罪的惩治效果。为进一步贯彻落实党中央决策部署，最高人民法院与最高人民检察院、公安部、司法部共同开展调研，广泛征求各方面意见，形成了《意见》，对进一步加强虚假诉讼犯罪惩治工作、建立健全配合协作和程序衔接机制作了具体规定。

《意见》制定过程中，主要坚持以下指导思想和总体原则：

第一，坚持以习近平法治思想为指导。《意见》始终贯彻落实习近平法治思想中坚持以人民为中心、公正司法等重要内容，深刻领会习近平总书记关于推进全面依法治国的根本目的是依法保障人民权益的重要论述，着力解决人民群众反映强烈的突出问题，回应人民群众的新要求、新期待，依法保障人民安居乐业；严格贯彻落实《中共中央关于全面推进依法治国若干重大问题的决定》要求，依法从严打击通过虚假诉讼违法犯罪妨害司法秩序和严重侵害他人合法权益的行为，畅通司法机关依法惩治虚假诉讼犯罪的配合协作和程序衔接机制，保护自然人、法人和非法人组织的合法权益。同时，依法保障人民群众通过提起民事诉讼保护自身合法权益的正当权利，确保《意见》的相关规定内容有利于人民群众依法行使诉权。

第二，坚持依法制定。《意见》属于对司法机关依法行使公权力行为的具体性规定，总体上应当坚持“法无规定不可为”的原则，相关规定内容应有相对明确的法律和规范依据，不与其他法律、司法解释相冲突和不协调。在实体方面，《意见》主要以刑法和《虚假诉讼犯罪司法解释》的有关规定为基础，坚持罪刑法定原则，对虚假诉讼犯罪的行为方式、刑事责任追究原则等作了进一步明确规定；在程序方面，《意见》以民事诉讼法以及相关司法解释、《公安机关办理刑事案件程序规定》《人民检察院刑事诉讼规则》等规定为依据，结合实际情况作出细化、可操作性规定，以适应实践需要。

第三，坚持问题导向。虚假诉讼现象与社会诚信建设密切相关，欲有效解决，需要各方面共同努力，综合施策。实践中，影响虚假诉讼违法犯罪惩治效果的主要因素是司法机关内部对虚假诉讼犯罪的成立条件认识不一，导致此类案件立案难、打击效果不佳；虚假诉讼刑事案件与民事案件的程序衔接不畅，致使已被认定存在虚假诉讼犯罪的民事案件再审纠正存在困难。《意见》不求面面俱到，仅着眼于解决实践中存在的突出问题，对虚假诉讼犯罪线索移送和案件查处、相关刑事诉讼与民事诉讼的程序衔接等问题作了重点规定，为司法实践提供有效指导。另外，针对人民群众反映强烈的司法工作人员、诉讼参与人利用职权或者职务之便参与虚假诉讼的问题，《意见》还规定，对于参与虚假诉讼的司法工作人员以及律师、基层法律服务工作者、司法鉴定人、公证员、仲裁员，应当依法从严追究法律责任，表明司法机关坚持刀刃向内、从严惩处上述人员实施虚假诉讼的决心。

二、虚假诉讼犯罪的具体认定

刑事法律和民事法律中均有虚假诉讼的概念，但二者存在明显区别。刑事法律中关于虚假诉讼罪的规定，原则上限于“无中生有”型捏造事实行为，且仅将具有严重社会危害性的行为纳入刑罚打击范围，其外延小于民事法律上的虚假诉讼。为突出打击重点，《意见》将规制对象限定为虚假诉讼犯罪，具体包括行为构成虚假诉讼罪，以及行为符合虚假诉讼罪的构成要件但基于数罪竞合处罚原则最终被以其他罪名定罪处罚两种情形。《意见》第二条采用下定义的方式，对虚假诉讼犯罪的内涵作了界定，规定主要内容与《虚假诉讼犯罪司法解释》第一条基本相同。对于实践中存在争议、《虚假诉讼犯罪司法解释》未作明确规定的虚假诉讼罪中“民事诉讼”的范围，《意见》第四条进一步作了列举式规定。实践中应当注意以下几点：

第一，关于认定虚假诉讼罪中“民事诉讼”的总体标准。根据刑法规定的虚假诉讼罪的行为方式，虚假诉讼罪的惩治对象原则上是不具有合法诉权的行为人采用欺骗手段提起民事诉讼，致使虚假民事案件进入人民法院诉讼程序的行为，同时，还应考虑部分民事主体通过在民事诉讼过程中提出新的诉讼请求、通过人民法院的民事执行行为实现其实体权利等情形。据此，虚假诉讼罪中的“民事诉讼”大体可分为以下几种情形：（1）案件首次进入民事诉讼程序的起诉行为，包括第一审普通民事程序和简易程序的起诉行为，以及民事诉讼法规定的特别程序和督促程序、公示催告程序的申请行为。（2）当事人在民事诉讼过程中提出新的独立的诉讼请求，包括原告增加独立的诉讼请求、被告提出反诉和有独立请求权的第三人提出与本案有关的诉讼请求。上述三种情形实质上属于诉的合并，与民事原告提出民事起诉并无实质性区别。（3）特殊程序中申请人民法院保护其实体权利的行为，包括在破产案件审理过程申报债权，民事判决、裁定、调解书生效后案外人申请再审等。（4）民事执行过程中申请人民法院实现其超出原诉范围的实体权利的行为，主要包括申请执行仲裁裁决和公证债权文书，以及案外人对执行标的提出异议、债权人申请参与执行财产分配等情形。

第二，民事二审程序不属于虚假诉讼罪中的“民事诉讼”。根据《最高人民法院关于适用〈中华人民共和国民事诉讼法〉的解释》第三百二十三条的规定，我国的民事二审程序采用续审制原则，除特殊情况外，二审审理范围原则上不超出一审之诉和当事人上诉请求的范围。据此，民事诉讼当事人在一审宣判后以捏造的事实提出上诉的，因其上诉请求不超出一审之诉的范围，不符合“无中生有”捏造事实的行为特征。因此，民事诉讼当事人在一审宣判后提出上诉、启动民事二审程序的，不宜认定为虚假诉讼罪中的“提起民事诉讼”。

第三，刑事附带民事诉讼是否属于虚假诉讼罪中的“民事诉讼”，应当区分不同情况分别认定。首先，在刑事公诉案件中，行为人提起附带民事诉讼的案由与检察机关提起公诉的犯罪行为属于同一法律事实，附带民事诉讼是基于刑事诉讼衍生出的民事诉讼活动，刑事诉讼的真实性决定了附带民事诉讼的真实性。根据刑事诉讼法的规定，人民检察院向人民法院提起公诉的条件是犯罪实事实已经查清，证据确实、充分，依法应当追究刑事责任。在此情况下，被害人及其法定代理人、近亲属以公诉机关提起公诉的事实为案由提起附带民事诉讼，具有一定的事实依据，不能认定为“无中生有”捏造事实，不符合虚假诉讼罪的构成要件。即使公诉机关起诉指控的事实后经人民法院裁判认定不能成立、被告人的行为不构成犯罪，但基于被害人一方对公安、检察机关的信赖心理，亦不能认定其行为属于“无中生有”捏造事实。因此，在刑事公诉案件中提起附带民事诉讼的，不能认定为虚假诉讼罪中的“提起民事诉讼”。其次，刑事自诉案件不以公安机关侦查和检察机关审查起诉为前置程序，自诉人自行承担证明被告人有罪的举证责任，存在自诉人“无中生有”捏造事实的可能性，故刑事自诉人的行为可能构成虚假诉讼罪。刑事自诉人以捏造的事实提起附带民事诉讼的，可以认定为《意见》第四条第八项规定的“以其他手段捏造民事案件基本事实，虚构民事纠纷，提起民事诉讼的”情形。

三、虚假诉讼犯罪线索的发现和移送

为解决现阶段实践中存在的虚假诉讼犯罪线索移送渠道不够顺畅的问题，《意见》第三章对人民法院、人民检察院向公安机关移送犯罪线索应当提供的材料、公安机关收到移送的线索材料后审查立案的具体处理方式等作了具体规定。同时，为充分发挥检察机关对公安机关立案活动的法律监督功能，确保虚假诉讼犯罪得到依法惩治，《意见》还规定，人民检察院依法对公安机关的刑事立案实行监督；人民法院对公安机关的不予立案决定有异议的，可以建议人民检察院进行立案监督。实践中具体适用需要注意以下两点：

第一，关于人民法院、人民检察院移送虚假诉讼犯罪线索的条件。人民法院、人民检察院在履行职责过程中，符合什么样的条件可以认定存在虚假诉讼犯罪嫌疑，进而需要将犯罪线索移送公安机关，值得认真研究。研究认为，刑法的“二次规范”性质决定了认定虚假诉讼犯罪需以行为同时违反民事法律为前提，也就是说，刑法上的虚假诉讼犯罪行为首先应当是民事法律上的违法行为。根据刑法和《虚假诉讼犯罪司法解释》的规定，虚假诉讼犯罪大体可以分为“单方欺诈型”和“双方串通型”两种，其中的“单方欺诈型”虚假诉讼属于民事法律上的欺诈行为，而“双方串通型”虚假诉讼属于民事法律上的恶意串通行为。因此，人民法院、人民检察院在依法认定民事诉讼当事人存在欺诈或者恶意串通行为的前提下，才可以认定其存在虚假诉讼犯罪嫌疑，进而需要将犯罪线索移送公安机关。根据《最高人民法院关于适用〈中华人民共和国民事诉讼法〉的解释》第一百零九条的规定，人民法院确信当事人欺诈、恶意串通事实存在的可能性能够排除合理怀疑的，才能认定该事实存在，该证明标准明显高于一般民事诉讼案件采用的高度盖然性标准。根据上述证明标准，人民法院、检察机关要认定存在虚假诉讼犯罪嫌疑，不能仅凭民事诉讼当事人、其他诉讼参与人或者案外人陈述、证言等单方言辞证据，一般情况下还应有其他证据相互印证，才可以认定为达到了排除合理怀疑的证明标准。《意见》第十一条明确，人民法院、人民检察院认定民事诉讼当事人和其他诉讼参与人的行为涉嫌虚假诉讼犯罪，除民事诉讼当事人、其他诉讼参与人或者案外人的陈述、证言外，一般还应有物证、书证或者其他证人证言等证据相印证。作出上述规定，可以防止极少数民事诉讼参与人通过恶意进行刑事控告、举报干扰民事诉讼程序、意图逃避承担民事败诉结果，有利于保障民事诉讼程序的正常进行。

第二，虚假诉讼犯罪是否可以提起刑事自诉。《意见》第八条规定了司法机关发现虚假诉讼犯罪线索的四种具体来源，并设置了兜底条款，其中第二项规定，被害人在一定条件下可以对他人实施的虚假诉讼行为向人民法院提出刑事自诉。研究过程中，有意见提出，在《意见》中明确规定对虚假诉讼犯罪可以提起刑事自诉，可能导致刑事自诉程序被人恶意利用，干扰民事诉讼程序的正常进行，建议不作规定。研究认为，首先，根据刑事诉讼法第二百一十条的规定，自诉案件包括下列案件：（1）告诉才处理的案件；（2）被害人有证据证明的轻微刑事案件；（3）被害人有证据证明对被告人侵犯自己人身、财产权利的行为应当依法追究刑事责任，而公安机关或者人民检察院不予追究被告人刑事责任的案件。理论上一般将上述三类自诉案件分别概括为告诉才处理的案件、有证据证明的轻微刑事案件和公诉转自诉案件。《最高人民法院关于适用〈中华人民共和国刑事诉讼法〉的解释》第一条进一步明确，公诉转自诉案件是指被害人有证据证明对被告人侵犯自己人身、财产权利的行为应当依法追究刑事责任，且有证据证明曾经提出控告，而公安机关或者人民检察院不予追究被告人刑事责任的案件。根据刑法规定，虚假诉讼罪侵犯的客体是司法秩序和他人合法权益。在被害人因为他人实施的虚假诉讼行为导致自己人身、财产权利受到侵害而提出控告，而公安机关或者人民检察院不予追究对方刑事责任的情况下，允许被害人向人民法院提出刑事自诉，符合刑事诉讼法规定的公诉转自诉案件的条件。其次，刑事诉权是诉权的重要组成部分，民事诉讼原、被告双方的诉权均应得到平等保护，不能仅以保障民事诉讼程序顺利进行、确保原告的民事诉权得以实现为由，剥夺被告享有的依法提起刑事自诉、通过刑事诉讼手段维护自身合法权益的权利。在《意见》中明确规定虚假诉讼犯罪被害人在提出控告后、公安机关或者人民检察院不予追究被告人刑事责任的情况下享有提起刑事自诉的权利，具有法律依据和现实意义。

四、虚假诉讼案件中的程序衔接

虚假诉讼案件处理过程中刑事诉讼与民事诉讼程序的衔接，涉及刑民交叉问题，实践中存在较多争议，也是《意见》力图解决的重点问题。《意见》第四章对与虚假诉讼有关的程序衔接问题作了原则性规定，包括以下几个方面内容：

第一，虚假诉讼案件处理过程中的信息沟通。实践中，虚假诉讼刑事案件和相关联的民事案件可能由不同地区的司法机关办理，建立信息沟通工作机制，确保有关人民法院及时得到关联案件的处理信息，是实现刑事诉讼和民事诉讼程序有效衔接的前提。《意见》主要从两个方面对信息沟通作了规定。首先，对虚假诉讼犯罪作出刑事裁判的人民法院应当及时函告审理或者执行相关民事案件的人民法院，以便该审理或者执行法院及时确定民事诉讼当事人是否存在虚假诉讼行为，进而作出正确民事裁判。其次，公安机关根据自然人、法人和非法人组织的报案、控告、举报或者在办理其他刑事案件过程中，发现有虚假诉讼犯罪事实或者犯罪嫌疑人，依法自行立案侦办的，应当在立案后三日内将立案决定书等法律文书和相关材料复印件抄送对相关民事案件正在审理、执行或者已经作出生效裁判文书的人民法院，同时通报办理民事案件人民法院的同级人民检察院。该人民法院应当依法审查，并在三十日内将处理意见书面通报公安机关。同级人民检察院应当及时开展法律监督，根据审查情况依法提出再审检察建议或者提出抗诉。

第二，涉虚假诉讼犯罪民事案件的处理方式。虚假诉讼犯罪人意图通过民事诉讼途径实现其非法目的，本质上不具有诉权，因此，对于行为构成虚假诉讼犯罪的民事诉讼原告，应当依法驳回其请求，对于已经发生法律效力的民事判决、裁定、调解书，应当通过审判监督程序予以纠正。具体来讲：（1）对于人民法院正在审理、尚未作出生效裁判的民事案件，审理该民事案件的人民法院经审理发现涉嫌虚假诉讼犯罪的，应当将犯罪线索移送公安机关，并依法驳回其请求。（2）人民法院在审理过程中尚未发现虚假诉讼犯罪线索，公安机关将证明存在虚假诉讼犯罪嫌疑的法律文书和相关材料复印件抄送给审理该民事案件的人民法院的，人民法院应当依法进行审查，经审理认为民事诉讼原告确实实施了虚假诉讼行为的，应当依法驳回其请求；认为尚未达到认定虚假诉讼的证明标准、该民事案件必须以相关刑事案件的审理结果为依据的，应当依照民事诉讼法第一百五十条第一款第五项的规定裁定中止诉讼，根据相关刑事案件的审理结果再决定对该民事案件应当如何处理。（3）对于已经作出生效裁判文书的民事案件，人民法院发现该民事案件的裁判结果与相关刑事案件的裁判存在冲突的，应当及时依法启动审判监督程序予以纠正。人民检察院发现民事案件的裁判文书系民事诉讼当事人通过虚假诉讼手段获得的，应当依法提出再审检察建议或者提出抗诉，相关人民法院应当依法审查处理，符合法定再审条件的，应当按照审判监督程序决定再审。

第三，公安机关、人民检察院查阅、调阅人民法院民事诉讼卷宗问题。虚假诉讼犯罪是发生在民事诉讼过程中的犯罪行为，行为人提交的虚假证据材料、开庭审理过程中所作虚假陈述的书面记录等，均保存在人民法院的民事诉讼卷宗中。公安机关依法侦办虚假诉讼犯罪案件，检察机关针对存在虚假诉讼犯罪嫌疑的民事案件开展法律监督和调查核实，人民法院的民事诉讼卷宗都是最重要的证据材料。根据刑事诉讼法的规定，可以用于证明案件事实的材料，都是证据。公安机关侦查虚假诉讼犯罪案件，可以依法查阅、复制、摘录人民法院的民事诉讼卷宗，收集、调取证实行为人实施虚假诉讼犯罪或者无罪、罪轻或者罪重的证据材料。对于检察机关是否有权调阅人民法院的民事诉讼卷宗，实践中存在一定争议，最高人民法院办公厅、最高人民检察院办公厅于2010年联合公布的《关于调阅诉讼卷宗有关问题的通知》（以下简称《调阅诉讼卷宗通知》）明确，人民检察院在办理法官涉嫌犯罪案件、抗诉案件、申诉案件过程中，可以调阅人民法院的诉讼卷宗。在此之后，部分省、区、市人民法院和检察机关相继联合出台地方性规范文件，对检察机关调阅人民法院诉讼卷宗的范围、程序等作出进一步细化规定。为确保公安机关依法行使侦查权、检察机关依法履行法律监督职责，《意见》根据刑事诉讼的规定和《调阅诉讼卷宗通知》的规定精神，明确在虚假诉讼犯罪案件办理过程中，公安机关、检察机关有权查阅、复制、摘录人民法院的民事诉讼卷宗。《意见》第十七条和第二十条分别规定，公安机关在侦办虚假诉讼犯罪案件过程中，可以依照有关规定拷贝电子卷宗或者查阅、复制、摘录人民法院的民事诉讼卷宗；人民检察院针对存在虚假诉讼犯罪嫌疑的民事诉讼监督案件，可以依照有关规定调阅人民法院的民事诉讼卷宗，通过拷贝电子卷、查阅、复制、摘录等方式能够满足办案需要的，可以不调阅诉讼卷宗。对于公安机关、人民检察院开展的上述工作，人民法院予以配合。

五、对虚假诉讼行为人的责任追究

虚假诉讼犯罪行为同时违反刑事法律和民事法律，需要综合采用刑罚、司法强制措施等多种手段进行惩治才能取得良好效果。另外，实践中极少数司法工作人员及律师、基层法律服务工作者、司法鉴定人、公证员、仲裁员利用职权或者职务之便参与虚假诉讼，人民群众反映强烈，要求从严处理。《意见》针对上述问题设专章作了规定，内容主要包括两个方面：(1) 正确适用司法强制措施。《意见》对人民法院针对实施虚假诉讼的民事诉讼当事人、其他诉讼参与人如何及时、正确采取罚款、拘留等司法强制措施作出规定，引导相关人民法院进一步提高认识，明确方法与措施，在相关诉讼过程中及时有效惩治虚假诉讼违法犯罪行为。(2) 规定了对参与虚假诉讼的司法工作人员和律师、基层法律服务工作者、司法鉴定人、公证员、仲裁员追究法律责任的总体原则。《意见》明确，对于司法工作人员利用职权参与虚假诉讼的，依照法律法规从严处理，构成犯罪的，依法从严追究刑事责任；对于律师、基层法律服务工作者、司法鉴定人、公证员、鉴定员利用职务之便参与虚假诉讼的，依照有关规定从严追究刑事、行政等法律责任。实践中，应当根据《意见》的规定精神，依照刑法、民事诉讼法等法律和相关司法解释的有关规定，依法正确认定虚假诉讼行为人的法律责任。具体适用过程中，需要注意以下三个方面问题：

第一，人民法院在移送犯罪线索前是否可以先行采取司法强制措施。对于将发现的虚假诉讼犯罪线索移送公安机关之前，人民法院是否可以根据民事诉讼法的规定对实施虚假诉讼行为的民事诉讼当事人、其他诉讼参与人先行采取罚款、拘留等司法强制措施，实践中存在一定争议。研究认为，虚假诉讼犯罪的成立以行为违反民事法律为前提，人民法院对于在审理民事案件过程中发现的涉嫌虚假诉讼犯罪行为采取罚款、拘留等司法强制措施，符合民事诉讼法的规定。具体案件处理过程中，人民法院经审理发现民事诉讼当事人、其他诉讼参与人实施虚假诉讼、涉嫌构成犯罪的，在将相关犯罪线索移送公安机关之前，应当及时采取罚款、拘留等强制措施，确保及时落实虚假诉讼行为人的法律责任，充分体现民事诉讼法规定的司法强制措施对其他潜在虚假诉讼行为人的一般预防作用。《意见》第二十二条第一款与第二款规定，对于故意制造、参与虚假诉讼犯罪活动的民事诉讼当事人和其他诉讼参与人，人民法院应当加大罚款、拘留等对妨害民事诉讼的强制措施的适用力度；民事诉讼当事人、其他诉讼参与人实施虚假诉讼，人民法院向公安机关移送案件有关材料前，可以依照民事诉讼法的规定先行予以罚款、拘留。

第二，关于罚款、拘留等司法强制措施是否可以折抵刑罚。刑法和民事诉讼法对虚假诉讼行为分别规定了刑事处罚措施和司法强制措施，某一行为被认定构成虚假诉讼犯罪后，人民法院先行采取的罚款、拘留等司法强制措施是否可以折抵刑罚，实践中存在不同认识。研究认为，此处涉及刑法规定的刑事责任和民事诉讼法规定的司法责任的竞合问题。根据通行理论，对于同一不法行为在不同法律领域间的责任竞合，应当区分不同情况，考虑禁止重复评价等法律原则进行处理，正确解决不同部门法规定的法律责任的竞合问题，要点在于区分不法者承担的公法上的责任和私法上的责任。公法上的责任属于国家权力机关对不法者的否定评价和施加的不利后果，主要体现惩罚功能，而私法上的责任属于平等民事主体之间基于法律规定产生的法律关系，除特定情形外，主要实现补偿功能。由于功能上存在明显差异，对于同一不法行为所负公法上的责任和私法上的责任，一般情况下应当坚持并科原则。因此，在行为人因实施虚假诉讼行为造成他人经济损失的情况下，人民法院依据民事实体法的规定判决行为人承担民事赔偿责任的，并不影响依据民事诉讼法的规定对其予以司法强制措施，或者依据刑法的规定对其判处刑罚。但是，根据禁止重复评价和禁止双重危险的法律原则，一般情况下不应对同一不法行为处以两种或者两种以上公法上的责任。当不法者已经承担一种公法上的责任时，如果其仍需承担另一种公法上的责任，则应按照一定标准予以折抵。具体到虚假诉讼犯罪案件中，人民法院依据民事诉讼法的规定对虚假诉讼行为人适用的罚款、拘留等司法强制措施，体现了司法机关对不法者的否定评价和惩罚功能，属于公法上的责任。在行为人已经因实施虚假诉讼行为被给予罚款、拘留等司法强制措施的情况下，如果其行为又被认定为犯罪，人民法院在对其判处刑罚时，司法强制措施应当依法折抵相应刑罚。《意见》第二十二条第三款规定，对虚假诉讼刑事案件被告人判处罚金、有期徒刑或者拘役的，人民法院已经依照民事诉讼法的规定给予的罚款、拘留，应当依法折抵相应刑罚，其中罚款应当折抵相应罚金，拘留应当折抵有期徒刑或者拘役的相应刑期。

第三，司法工作人员、律师等特殊身份人员参与虚假诉讼的处罚原则。刑法第三百零七条之一第四款规定，司法工作人员利用职权，与他人共同实施虚假诉讼行为的，从重处罚；同时构成其他犯罪的，依照处罚较重的规定定罪，并从重处罚。《虚假诉讼犯罪司法解释》第五条作了进一步明确规定，体现了对司法工作人员利用职权参与虚假诉讼依法从严追究刑事责任的总体原则。另外，律师、基层法律服务工作者、证人、鉴定人等诉讼参与人利用职务、身份的便利参与虚假诉讼的，比民事诉讼当事人单独实施虚假诉讼的隐蔽性更强，社会危害性更大，亦应从严追究刑事责任，量刑时应当从重处罚。律师、基层法律服务工作者、证人、鉴定人等实施的虚假诉讼行为同时构成其他犯罪的，属于刑法理论上的牵连犯，应当按照择一重罪处罚或者择一重罪从重处罚的原则处断，一般不实行数罪并罚。《虚假诉讼犯罪司法解释》第六条规定，诉讼代理人、证人、鉴定人等诉讼参与人与他人通谋，代理提起虚假民事诉讼、故意作虚假证言或者出具虚假鉴定意见，共同实施虚假诉讼行为，同时构成妨害作证罪，帮助毁灭、伪造证据罪等犯罪的，依照处罚较重的规定定罪从重处罚。《意见》第二十五条进一步规定，律师、基层法律服务工作者、司法鉴定人、公证员、仲裁员利用职务之便参与虚假诉讼的，依照有关规定从严追究法律责任。上述规定充分表明了司法机关依法从严惩治具有特定职务和身份人员参与虚假诉讼的鲜明态度，有利于实现预防虚假诉讼违法犯罪的积极效果。

指导案例、典型案例与解读

最高人民检察院
发布第二十六批指导性案例

（2021年2月8日）

案例一：邓秋城、双善食品（厦门）有限公司等销售假冒注册商标的商品案

（检例第98号）

【关键词】

销售假冒注册商标的商品　食品安全　上下游犯罪　公益诉讼

【要旨】

办理侵犯注册商标类犯罪案件，应注意结合被告人销售假冒商品数量、扩散范围、非法获利数额及在上下游犯罪中的地位、作用等因素，综合判断犯罪行为的社会危害性，确保罪责刑相适应。在认定犯罪的主观明知时，不仅考虑被告人供述，还应综合考虑交易场所、交易时间、交易价格等客观行为，坚持主客观相一致。对侵害众多消费者利益的情形，可以建议相关社会组织或自行提起公益诉讼。

【基本案情】

被告人邓秋城，男，1981年生，广州市百益食品贸易有限公司

（以下简称百益公司）负责人。

被告单位双善食品（厦门）有限公司（以下简称双善公司），住所地福建省厦门市。

被告人陈新文，男，1981年生，双善公司实际控制人。

被告人甄连连，女，1984年生，双善公司法定代表人。

被告人张泗泉，男，1984年生，双善公司销售员。

被告人甄政，男，1986年生，双善公司发货员。

2017年5月至2019年1月初，被告人邓秋城明知从香港购入的速溶咖啡为假冒“星巴克”“STARBUCKS VIA”等注册商标的商品，仍伙同张晓建（在逃）以每件人民币180元这一明显低于市场价（正品每件800元，每件20盒，每盒4条）的价格，将21304件假冒速溶咖啡（每件20盒，每盒5条，下同）销售给被告单位双善公司，销售金额383万余元。被告人邓秋城、陈新文明知百益公司没有“星巴克”公司授权，为便于假冒咖啡销往商业超市，伪造了百益公司许可双善公司销售“星巴克”咖啡的授权文书。2017年12月至2019年1月初，被告人陈新文、甄连连、张泗泉、甄政以双善公司名义从邓秋城处购入假冒“星巴克”速溶咖啡后，使用伪造的授权文书，以双善公司名义将19264件假冒“星巴克”速溶咖啡销售给无锡、杭州、汕头、乌鲁木齐等全国18个省份50余家商户，销售金额共计724万余元。

案发后，公安机关在百益公司仓库内查获待售假冒“星巴克”速溶咖啡6480余件，按实际销售价格每件180元计算，价值116万余元；在被告单位双善公司仓库内查获假冒“星巴克”速溶咖啡2040件，由于双善公司向不同销售商销售的价格不同，对于尚未销售的假冒商品的货值金额以每件340元的最低销售价格计算，价值69万余元。

【检察机关履职情况】

审查起诉 2019年4月1日，江苏省无锡市公安局新吴分局（以下简称新吴分局）以犯罪单位双善公司，被告人陈新文、甄连连、甄政涉嫌销售假冒注册商标的商品罪向江苏省无锡市新吴区人民检察院（以下简称新吴区检察院）移送起诉。同年8月22日，新吴分局以被告人邓秋城涉嫌假冒注册商标罪、销售假冒注册商标的商品罪移送起诉。新吴区检察院并案审查，重点开展以下工作：

一是准确认定罪名及犯罪主体。涉案咖啡系假冒注册商标的商品，是否属于有毒有害或不符合安全标准的食品，将影响案件定性，但在案证据没有关于假冒咖啡是否含有有毒有害成分、是否符合安全标准及咖啡质量的鉴定意见。鉴于该部分事实不清，检察机关要求公安机关对照GB 7101—2015《食品安全国家标准 饮料》等的规定，对扣押在案的多批次咖啡分别抽样鉴定。经鉴定，涉案咖啡符合我国食品安全标准，不构成生产、销售有毒、有害食品罪等罪名。公安机关基于被告人邓秋城销售假冒咖啡的行为，认定其涉嫌构成销售假冒注册商标的商品罪；基于在百益公司仓库内查获的假冒咖啡的制作和灌装工具，认为邓秋城亦实施了生产、制造假冒咖啡的行为，认定其同时构成假冒注册商标罪，故以涉嫌两罪移送起诉。检察机关经审查认为，现场仅有咖啡制作和灌装工具，无其他证据，且同案犯未到案，证明邓秋城实施制造假冒咖啡行为的证据不足，在案证据只能证实邓秋城将涉案假冒咖啡销售给犯罪单位双善公司，故改变邓秋城行为的定性，只认定销售假冒注册商标的商品罪一罪。检察机关还依职权主动对百益公司是否构成单位犯罪、是否需要追加起诉进行了审查，认定百益公司系邓秋城等为经营假冒咖啡于2018年4月专门设立。根据《最高人民法院关于审理单位犯罪案件具体应用法律有关问题的解释》第二条的规定，个人为进行违法犯罪活动而设立的公司、企业、事业单位实施犯罪的，不以单位犯罪论，故对百益公司的行为不应认定为单位犯罪。

二是追加认定犯罪数额。检察机关从销售单和买家证言等证据材料中发现，除公安机关移送起诉的被告人邓秋城销售金额121万元、犯罪单位双善公司销售金额324万元的事实外，邓秋城、双善公司还另有向其他客户销售大量假冒咖啡的行为。检察机关就百益公司、双善公司收取、使用货款的交易明细，公司员工聊天记录等证据退回公安机关补充侦查，公安机关补充调取了百益公司与双善公司以及邓秋城与被告人甄连连个人账户之间合计600万余元的转账记录、双善公司员工工作微信内涉案咖啡发货单照片120余份后，检察机关全面梳理核对销售单、快递单、汇款记录等证据，对邓秋城销售金额补充认定了172万余元，对双善公司销售金额补充认定了400万余元。

三是综合判断被告人主观上是否明知是假冒注册商标的商品。被告人邓秋城、陈新文、甄连连处于售假上游，有伪造并使用虚假授权文书、以明显低于市场价格进行交易的行为，应认定三人具有主观明知。在侦查阶段初期，被告人甄政否认自己明知涉案咖啡系假冒注册商标的商品，公安机关根据其他被告人供述、证人证言等证据，证实其采用夜间收发货、隐蔽包装运输等异常交易方式，认定其对售假行为具有主观明知。后甄政供认了自己的罪行，并表示愿意认罪认罚。经补充侦查，公安机关结合销售商证言，查明被告人张泗泉明知涉案咖啡被超市认定为假货被下架、退货，但仍继续销售涉案咖啡，金额达364万余元，可认定张泗泉具有主观明知。鉴于公安机关未将张泗泉一并移送，检察机关遂书面通知对张泗泉补充移送起诉。

四是综合考量量刑情节，提出量刑建议。针对销售假冒注册商标的商品罪的特点，在根据销售金额确定基准刑的前提下，充分考虑各被告人所处售假环节、假冒产品类别、销售数量、扩散范围等各项情节，在辩护人或值班律师的见证下，5名被告人均自愿认罪认罚，认可检察机关指控的全部犯罪事实和罪名，接受检察机关提出的有期徒刑一年九个月至五年不等，罚金10万元至300万元不等的量刑建议。2019年9月26日，新吴区检察院以被告人邓秋城、被告单位双善公司及陈新文、甄连连、张泗泉、甄政构成销售假冒注册商标的商品罪向江苏省无锡市新吴区人民法院（以下简称新吴区法院）提起公诉。

指控与证明犯罪 2019 年 11 月 7 日，新吴区法院依法公开开庭审理本案。庭审过程中，部分辩护人提出以下辩护意见：（1）商品已销售，但仅收到部分货款，货款未收到的部分事实应当认定为犯罪未遂；（2）被告人邓秋城获利较少，且涉案重大事项均由未到案的同案犯决定，制假售假源头均来自未到案同案犯，其在全案中作用较小，在共同犯罪中起次要作用，系从犯。公诉人答辩如下：第一，根据被告单位双善公司内部销售流程，销售员已向被告人甄连连发送销售确认单，表明相关假冒商品已发至客户，销售行为已经完成，应认定为犯罪既遂，是否收到货款不影响犯罪既遂的认定。第二，邓秋城处于整个售假环节上游，在全案中地位作用突出，不应认定为从犯。首先，邓秋城实施了从香港进货、骗取报关单据、出具虚假授权书、与下家双善公司签订购销合同、收账走账等关键行为；其次，邓秋城销售金额低于双善公司，是因为其处于售假产业链的上游环节，销售单价低于下游经销商所致，但其销售数量高于双善公司。正是由于邓秋城实施伪造授权文书、提供进口报关单等行为，导致假冒咖啡得以进入大型商业超市，销售范围遍布全国，被害消费者数量众多，被侵权商标知名度高，媒体高度关注。合议庭对公诉意见和量刑建议予以采纳。

处理结果 2019 年 12 月 6 日，新吴区法院作出一审判决，以销售假冒注册商标的商品罪判处被告单位双善公司罚金 320 万元；分别判处被告人邓秋城、陈新文等五人有期徒刑一年九个月至五年不等，对被告人张泗泉、甄政适用缓刑，并对邓秋城等五人各处罚金 10 万元至 300 万元不等。判决宣告后，被告单位和被告人均未提出上诉，判决已生效。

鉴于此案侵害众多消费者合法权益，损害社会公共利益，新吴区检察院提出检察建议，建议江苏省消费者权益保护委员会（以下简称江苏消保委）对双善公司提起消费民事公益诉讼。江苏消保委依法向江苏省无锡市中级人民法院（以下简称无锡中院）提起侵害消费者权益民事公益诉讼，主张涉案金额三倍的惩罚性赔偿。无锡中院于 2020 年

9 月 18 日立案受理。

【指导意义】

（一）依法严惩假冒注册商标类犯罪，切实维护权利人和消费者合法权益

依法严厉惩治侵犯注册商标犯罪行为，保护权利人对注册商标的合法权益是检察机关贯彻国家知识产权战略，营造良好知识产权法治环境的重要方面。在办理侵犯注册商标犯罪案件中，检察机关应当全面强化职责担当。对于商品可能涉及危害食品药品安全、社会公共安全的，应当引导公安机关通过鉴定检验等方式就产品质量进行调查取证，查明假冒商品是否符合国家产品安全标准，是否涉嫌生产、销售有毒有害食品罪等罪名。如果一行为同时触犯数个罪名，则应当按照法定刑较重的犯罪进行追诉。制假售假犯罪链条中由于层层加价销售，往往出现上游制售假冒商品数量大但销售金额小、下游销售数量小而销售金额大的现象。检察机关在提出量刑建议时，不能仅考虑犯罪金额，还要综合考虑被告人在上下游犯罪中的地位与作用、所处的制假售假环节、销售数量、扩散范围、非法获利数额、社会影响等多种因素，客观评价社会危害性，体现重点打击制假售假源头的政策导向，做到罪刑相适应，有效惩治犯罪行为。

（二）对销售假冒注册商标的商品犯罪的上下游人员，应注意结合相关证据准确认定不同环节被告人的主观明知

司法实践中，对于销售主观明知的认定，应注意审查被告人在上下游犯罪中的客观行为。对售假源头者，可以通过是否伪造授权文件等进行认定；对批发环节的经营者，可以通过进出货价格是否明显低于市场价格，以及交易场所与交易方式是否合乎常理等因素进行甄别；对终端销售人员，可以通过客户反馈是否异常等情况进行判断；对确受伪造变造文件蒙蔽或主观明知证据不足的人员，应坚持主客观相一致原则，依法不予追诉。

（三）一体发挥刑事检察和公益诉讼检察职能，维护社会公共利益

检察机关依法履职的同时，要善于发挥刑事检察和公益诉讼检察职能合力，用好检察建议等法律监督措施，以此推动解决刑事案件涉及的公共利益保护和社会治理问题。对于侵害众多消费者利益，涉案金额大，侵权行为严重的，检察机关可以建议有关社会组织提起民事公益诉讼，也可以自行提起民事公益诉讼，以维护社会公众合法权益。

【相关规定】

《中华人民共和国刑法》第二十三条、第二十六条、第二十七条、第二百一十三条、第二百一十四条

《最高人民法院、最高人民检察院关于办理侵犯知识产权刑事案件具体应用法律若干问题的解释》第九条

《最高人民法院关于审理单位犯罪案件具体应用法律有关问题的解释》第二条

案例二：广州卡门实业有限公司涉嫌销售假冒注册商标的商品立案监督案

（检例第99号）

【关键词】

在先使用　听证　监督撤案　民营企业保护

【要旨】

在办理注册商标类犯罪的立案监督案件时，对符合商标法规定的正当合理使用情形而未侵犯注册商标专用权的，应依法监督公安机关撤销案件，以保护涉案企业合法权益。必要时可组织听证，增强办案透明度和监督公信力。

【基本案情】

申请人广州卡门实业有限公司（以下简称卡门公司），住所地广东

省广州市。

2013 年 3 月，卡门公司开始在服装上使用“KM”商标。2014 年 10 月 30 日，卡门公司向原国家工商行政管理总局商标局（以下简称商标局）申请注册该商标在服装、帽子等商品上使用，商标局以该商标与在先注册的商标近似为由，驳回申请。2016 年 6 月 14 日，卡门公司再次申请在服装、帽子等商品上注册“KM”商标，2017 年 2 月 14 日，商标局以该商标与在先注册的商标近似为由，仅核准“KM”商标在睡眠用眼罩类别上使用，但卡门公司继续在服装上使用“KM”商标。其间，卡门公司逐渐发展为在全国拥有门店近 600 家、员工近 10000 余名的企业。

2015 年 11 月 20 日，北京锦衣堂企业文化发展有限公司（以下简称锦衣堂公司）申请在服装等商品上注册“KM”商标，商标局以该商标与在先注册的商标近似为由，驳回申请。2016 年 11 月 22 日，锦衣堂公司再次申请在服装等商品上使用“KM”商标。因在先注册的近似商标被撤销，商标局于 2018 年 1 月 7 日核准该申请。后锦衣堂公司授权北京京津联行房地产经纪有限公司（以下简称京津联行公司）使用该商标。2018 年 1 月，京津联行公司授权周某经营的服装专卖店使用“KM”商标。2018 年 5 月，京津联行公司向全国多地市场监管部门举报卡门公司在服装上使用“KM”商标，并以卡门公司涉嫌销售假冒注册商标的商品罪向广东省佛山市公安局南海分局（以下简称南海分局）报案。南海分局于同年 5 月 31 日立案，并随后扣押卡门公司物流仓库中约 9 万件标记“KM”商标的服装。

【检察机关履职情况】

受理立案监督　2018 年 5 月 31 日，南海分局以卡门公司涉嫌销售假冒注册商标的商品罪立案侦查。6 月 8 日，卡门公司不服公安机关立案决定，向广东省佛山市南海区人民检察院（以下简称南海区检察院）申请监督撤案。南海区检察院依法启动立案监督程序。

调查核实　南海区检察院向公安机关发出《要求说明立案理由通

知书》。公安机关在《立案理由说明书》中认为，卡门公司未取得“KM”商标服装类别的商标权，且未经“KM”商标所有人锦衣堂公司许可，在服装上使用“KM”商标，情节严重，涉嫌犯罪，故立案侦查。经南海区检察院审查发现，公安机关认定卡门公司涉嫌销售假冒注册商标的商品罪存在以下问题：一是欠缺卡门公司申请过“KM”商标的相关证据；二是卡门公司与锦衣堂公司申请“KM”商标的先后时间不清晰；三是欠缺卡门公司“KM”商标的使用情况、销售金额、销售规模等证据。

针对上述问题，南海区检察院进行了调查核实：一是调取卡门公司申请商标注册的材料、“KM”商标使用情况、服装生产、销售业绩表、对外宣传材料及京津联行公司委托生产、销售“KM”服装数量和规模等证据，查明卡门公司两次申请注册“KM”商标的时间均早于锦衣堂公司，卡门公司自成立时已使用并一直沿用“KM”商标，且卡门公司在全国拥有多家门店，具有一定规模和影响力。二是主动联系佛山市南海区市场监督局、广州市工商行政管理局，了解卡门公司“KM”服装被行政扣押后又解除扣押的原因，查明广东省工商行政管理局认定卡门公司“KM”商标使用行为属于在先使用。三是两次召开听证会，邀请公安机关、行政执法部门人员及卡门公司代理律师参加听证，并听取了京津联行公司的意见，充分了解公安机关立案、扣押财物及涉案企业对立案所持异议的理由及依据，并征求行政执法部门意见。四是咨询法律专家，详细了解近似商标的判断标准、在先使用抗辩等。

监督意见 南海区检察院经审查认为，公安机关刑事立案的理由不能成立。一是卡门公司存在在先使用的事实。卡门公司在锦衣堂公司取得“KM”商标之前，已经长期使用“KM”商标。二是卡门公司主观上没有犯罪故意。卡门公司在生产、销售服装期间，一直沿用该商标，从未对外宣称是锦衣堂公司或京津联行公司产品，且卡门公司经营的“KM”服装品牌影响力远大于上述两家公司，并无假冒他人注册商标的故意。卡门公司生产、销售“KM”服装的行为不构成销售假冒注册商标的商品罪，公安机关立案错误，应予纠正。

处理结果 2018 年 8 月 3 日，南海区检察院发出《通知撤销案件书》。同年 8 月 10 日，南海分局撤销案件，并发还扣押货物。卡门公司及时出售货物，避免了上千万元经济损失。

【指导意义】

（一）检察机关办理侵犯知识产权犯罪案件，应注意审查是否存在法定的正当合理使用情形

办理侵犯知识产权犯罪案件，检察机关在依法惩治侵犯知识产权犯罪的同时，还应注意保护权利人的正当权益免遭损害。其中一个重要方面是应注意审查是否存在不构成知识产权侵权的法定情形。如商标法第五十九条规定的商标描述性使用、在先使用，著作权法第二十四条规定的合理使用，第二十五条、第三十五条第二款、第四十二条第二款、第四十六条第二款规定的法定许可，专利法第六十七条规定的现有技术、第七十五条规定的专利先用权等正当合理使用的情形，防止不当启动刑事追诉。对于当事人提出的立案监督申请，检察机关经过审查和调查核实，认定有在先使用等正当合理使用情形，侵权事由不成立的，应依法通知公安机关撤销案件。

（二）正确把握商标在先使用的抗辩事由

商标注册人申请商标注册前，他人已经在同一种商品或者类似商品上先于商标注册人使用与注册商标相同或者近似并有一定影响的商标的，注册商标专用权人无权禁止该使用人在原使用范围内继续使用该商标，注册商标所有人仅可以要求其附加适当区别标识。判断是否存在在先使用抗辩事由，需重点审查以下方面：一是在先使用人是否在商标注册人申请注册前先于商标注册人使用该商标。二是在先使用商标是否已产生一定影响。三是在先商标使用人主观上是否善意。只有在全面审查案件证据事实的基础上综合判断商标使用的情况，才能确保立案监督依据充分、意见正确，才能说服参与诉讼的各方接受监督结果，做到案结事了。

（三）开展立案监督工作必要时可组织听证，增强办案透明度和监督公信力

听证是检察机关贯彻以人民为中心，充分尊重和保障当事人的知情权、参与权、监督权，健全完善涉检矛盾纠纷排查化解机制的有效举措。检察机关组织听证应当提前通知各方做好听证准备，整理好争议点，选取合适的听证员。听证中应围绕涉案当事人对刑事立案所持异议的理由和依据、公安机关立案的证据和理由、行政执法部门及听证员的意见展开，重点就侵权抗辩事由是否成立、是否具有犯罪的主观故意等焦点问题进行询问，全面审查在案证据，以准确认定公安机关立案的理由是否成立。通过听证开展立案监督工作，有助于解决在事实认定、法律适用问题上的分歧，化解矛盾纠纷，既推动规范执法，又增强检察监督公信力。

【相关规定】

《中华人民共和国商标法》第五十九条

《中华人民共和国刑事诉讼法》第八条

《最高人民检察院关于充分履行检察职能加强产权司法保护的意见》第十二条

《人民检察院刑事诉讼规则（试行）》第五百五十二条至第五百六十三条

《人民检察院审查案件听证工作规定》

案例三：陈力等八人侵犯著作权案

（检例第100号）

【关键词】

网络侵犯视听作品著作权　未经著作权人许可　引导侦查　电子数据

【要旨】

办理网络侵犯视听作品著作权犯罪案件，应注意及时提取、固定和保全相关电子数据，并围绕客观性、合法性、关联性要求对电子数据进行全面审查。对涉及众多作品的案件，在认定“未经著作权人许可”时，应围绕涉案复制品是否系非法出版、复制发行且被告人能否提供获得著作权人许可的相关证明材料进行审查。

【基本案情】

被告人陈力，男，1984年生，2014年11月10日因犯侵犯著作权罪被安徽省合肥市高新技术开发区人民法院判处有期徒刑七个月，罚金人民币15万元，2014年12月25日刑满释放。

被告人林崟等其他七名被告人基本情况略。

2017年7月至2019年3月，被告人陈力受境外人员委托，先后招募被告人林崟、赖冬、严杰、杨小明、黄亚胜、吴兵峰、伍健兴，组建QQ聊天群，更新维护“www.131zy.net”“www.zuikzy.com”等多个盗版影视资源网站。其中，陈力负责发布任务并给群内其他成员发放报酬；林崟负责招募部分人员、培训督促其他成员完成工作任务、统计工作量等；赖冬、严杰、杨小明等人通过从正版网站下载、云盘分享等方式获取片源，通过云转码服务器进行切片、转码、增加赌博网站广告及水印、生成链接，最后将该链接复制粘贴至上述盗版影视资源网站。其间，陈力收到境外人员汇入的盗版影视资源网站运营费用共计1250万余元，各被告人从中获利50万元至1.8万余元不等。

案发后，公安机关从上述盗版影视网站内固定、保全了被告人陈力等人复制、上传的大量侵权影视作品，包括《流浪地球》《廉政风云》《疯狂外星人》等2019年春节档电影。

【检察机关履职情况】

审查逮捕 2019年春节，《流浪地球》等八部春节档电影在院线期间集体遭高清盗版，盗版电影通过各种途径流入网络。上海市人民检察院第三分院（以下简称上海三分院）应公安机关邀请介入侦查，引导公安机关开展取证固证工作。一是通过调取和恢复 QQ 群聊天记录并结合各被告人到案后的供述，查明陈力团伙系共同犯罪，确定各被告人对共同实施的运营盗版影视资源网站行为的主观认知。二是联系侵权作品较为集中的美日韩等国家的著作权集体管理组织，由其出具涉案作品的版权认证文书。2019 年 4 月 8 日，公安机关对陈力团伙中的八名被告人提请逮捕，上海三分院依法批准逮捕。

审查起诉 2019 年 8 月 29 日，上海市公安局以被告人陈力等人涉嫌侵犯著作权罪向上海三分院移送起诉。本案涉及的大量影视作品涵盖电影、电视剧、综艺、动漫等多种类型，相关著作权人分布国内外。收集、审查是否获得权利人许可的证据存在难度。为进一步夯实证据基础，检察机关要求公安机关及时向国家广播电视总局调取“信息网络传播视听节目许可证”持证机构名单，以证实被告人陈力操纵的涉案网站均系非法提供网络视听服务的网站。同时，要求公安机关对陈力设置的多个网站中相对固定的美日韩剧各个版块，按照从每个网站下载 300 部的均衡原则抽取了 2425 部作品，委托相关著作权认证机构出具权属证明，证实抽样作品均系未经著作权人许可的侵权作品，且陈力等网站经营者无任何著作权人许可的相关证明材料。在事实清楚，证据确实、充分的基础上，八名被告人在辩护人或值班律师的见证下均自愿认罪认罚，接受检察机关提出的有期徒刑十个月至四年六个月不等、罚金 2 万元至 50 万元不等的确定刑量刑建议，并签署了认罪认罚具结书。

2019 年 9 月 27 日，上海三分院以被告人陈力等八人构成侵犯著作权罪向上海市第三中级人民法院（以下简称上海三中院）提起公诉。

指控与证明犯罪 2019 年 11 月 15 日，上海三中院召开庭前会议，检察机关及辩护人就举证方式、鉴定人出庭、非法证据排除等事项达成共识，明确案件事实、证据和法律适用存在的分歧。同年 11 月 20 日，本案依法公开开庭审理。八名被告人及其辩护人对指控的罪名均无异议，但对本案非法经营数额的计算提出各自辩护意见。陈力的辩护人提出，陈力租借服务器的费用及为各被告人发放的工资应予扣除，其他辩护人提出应按照各被告人实得报酬计算非法经营数额。此外，本案辩护人均提出境外人员归案后会对各被告人产生影响，应当对各被告人适用缓刑。公诉人对此答辩：第一，通过经营盗版资源网站的方式侵犯著作权，其网站经营所得即为非法经营数额，租借服务器以及用于发放各被告人的报酬等支出系犯罪成本，不应予以扣除。公诉机关按照各被告人加入QQ群以及获取第一笔报酬的时间，认定各被告人参与犯罪的起始时间，并结合对应期间网站的整体运营情况，计算出各被告人应承担的非法经营数额，证据确实、充分。第二，本案在案证据已能充分证实各被告人实施了共同犯罪及其在犯罪中所起的作用，按照相关法律和司法解释规定，境外人员是否归案不影响各被告人的量刑。第三，本案量刑建议是根据各被告人的犯罪事实、证据、法定酌定情节、社会危害性等因素综合判定，并经各被告人具结认可，而且本案侵权作品数量多、传播范围广、经营时间长，具有特别严重情节，且被告人陈力在刑罚执行完毕后五年内又犯应当判处有期徒刑以上刑罚之罪，构成累犯，故不应适用缓刑。合议庭采纳了公诉意见和量刑建议。

处理结果 2019年11月20日，上海三中院作出一审判决，以侵犯著作权罪分别判处被告人陈力等八人有期徒刑十个月至四年六个月不等，各处罚金2万元至50万元不等。判决宣告后，被告人均未提出上诉，判决已生效。

【指导意义】

（一）充分发挥检察职能，依法惩治网络侵犯视听作品著作权犯罪，切实维护权利人合法权益

依法保护著作权是国家知识产权战略的重要内容。检察机关坚决依法惩治侵犯著作权犯罪，尤其是注重惩治网络信息环境下的侵犯著作权犯罪。网络环境下侵犯视听作品著作权犯罪具有手段日益隐蔽、组织分工严密、地域跨度大、证据易毁损和隐匿等特点，且日益呈现高发多发态势，严重破坏网络安全与秩序，应予严惩。为准确指控和证明犯罪，检察机关在适时介入侦查、引导取证时，应注意以下方面：一是提取、固定和保全涉案网站视频链接、链接所指向的视频文件、涉案网站影视作品目录、涉案网站视频播放界面；二是固定、保全涉案网站对应的云转码服务器后台及该后台中的视频链接；三是比对确定云转码后台形成的链接与涉案网站播放的视频链接是否具有同一性；四是对犯罪过程中涉及的多个版本盗版影片，技术性地针对片头、片中、片尾分别进行作品的同一性对比。

（二）检察机关办理网络侵犯著作权犯罪案件，应围绕电子数据的客观性、合法性和关联性进行全面审查，依法适用认罪认罚从宽制度，提高办案质效

网络环境下侵犯著作权犯罪呈现出跨国境、跨区域以及智能化、产业化特征，证据多表现为电子数据且难以获取。在办理此类案件时，一方面，要着重围绕电子数据的客观性、合法性和关联性进行全面审查，区分不同类别的电子数据，采取有针对性的审查方法，特别要注意审查电子数据与案件事实之间的多元关联，综合运用电子数据与其他证据，准确认定案件事实；另一方面，面对网络犯罪的复杂性，检察机关要注意结合不同被告人的地位与作用，充分运用认罪认罚从宽制度，推动查明犯罪手段、共犯分工、人员关系、违法所得分配等案件事实，提高办案效率。

（三）准确把握“未经著作权人许可”的证明方法

对于涉案作品种类众多且权利人分散的案件，在认定“未经著作权人许可”时，应围绕涉案复制品是否系非法出版、复制发行，被告人能否提供获得著作权人许可的相关证明材料予以综合判断。为证明涉案网站系非法提供网络视听服务的网站，可以收集“信息网络传播视听节目许可证”持证机构名单等证据，补强对涉案复制品系非法出版、复制发行的证明。涉案侵权作品数量众多时，可进行抽样取证，但应注意审查所抽取的样本是否具有代表性、抽样范围与其他在案证据是否相符、抽样是否具备随机性等影响抽样客观性的因素。在达到追诉标准的侵权数量基础上，对抽样作品提交著作权人进行权属认证，以确认涉案作品是否均系侵权作品。

【相关规定】

《中华人民共和国刑法》第二百一十七条

《中华人民共和国著作权法》第十条

《中华人民共和国刑事诉讼法》第十五条

《音像制品管理条例》第三条

《计算机信息网络国际互联网安全保护管理办法》第五条

《最高人民法院、最高人民检察院关于办理侵犯知识产权刑事案件具体应用法律若干问题的解释》第五条、第十一条

《最高人民法院、最高人民检察院、公安部关于办理侵犯知识产权刑事案件适用法律若干问题的意见》第十一条、第十五条

《人民检察院刑事诉讼规则》第二百五十二条

案例四：姚常龙等五人假冒注册商标案

（检例第101号）

【关键词】

假冒注册商标　境内制造境外销售　共同犯罪

【要旨】

凡在我国合法注册且在有效期内的商标，商标所有人享有的商标专用权依法受我国法律保护。未经商标所有人许可，无论假冒商品是否销往境外，情节严重构成犯罪的，依法应予追诉。判断侵犯注册商标犯罪案件是否构成共同犯罪，应重点审查假冒商品生产者和销售者之间的意

思联络情况、对假冒违法性的认知程度、对销售价格与正品价格差价的认知情况等因素综合判断。

【基本案情】

被告人姚常龙，男，1983 年生，日照市东港区万能国际贸易有限公司（以下简称万能国际公司）法定代表人。

被告人古进，男，1989 年生，万能国际公司采购员。

被告人魏子皓，男，1990 年生，万能国际公司销售组长。

被告人张超，男，1990 年生，万能国际公司销售组长。

被告人庄乾星，女，1989 年生，万能国际公司销售组长。

2015 年至 2019 年 4 月，被告人姚常龙安排被告人古进购进打印机、标签纸、光纤模块等材料，伪造“CISCO”“HP”“HUAWEI”光纤模块等商品，并安排被告人魏子皓、张超、庄乾星向境外销售。姚常龙、古进共生产、销售假冒上述注册商标的光纤模块 10 万余件，销售金额共计人民币 3162 万余元；现场扣押假冒光纤模块、交换机等 11975 件，价值 383 万余元；姚常龙、古进的违法所得数额分别为 400 万元、24 万余元。魏子皓、张超、庄乾星销售金额分别为 745 万余元、429 万余元、352 万余元；违法所得数额分别为 20 万元、18.5 万元和 14 万元。

【检察机关履职情况】

审查逮捕　2019 年 4 月，山东省日照市公安局（以下简称日照市公安局）接到惠普公司报案后立案侦查。同年 5 月 24 日，山东省日照市人民检察院（以下简称日照市检察院）以涉嫌假冒注册商标罪对被告人姚常龙、古进批准逮捕；对被告人魏子皓、张超、庄乾星因无法证实犯罪故意和犯罪数额不批准逮捕，同时要求公安机关调取国外买方证言及相关书证，以查明魏子皓、张超、庄乾星是否具有共同犯罪故意及各自的犯罪数额。

审查起诉　2019 年 7 月 19 日，日照市公安局补充证据后以被告人姚常龙、古进涉嫌假冒注册商标罪，被告人魏子皓、张超、庄乾星涉嫌销售假冒注册商标的商品罪，移送日照市检察院起诉。同年 7 月 23 日，日照市检察院将该案交由山东省日照市东港区人民检察院（以下简称东港区检察院）办理。

东港区检察院在审查起诉期间要求公安机关补充完善了以下证据：一是调取被告人姚常龙等五人之间的 QQ 聊天记录、往来电子邮件等电子数据，证实庄乾星、张超、魏子皓主观上明知销售的商品系姚常龙、古进假冒注册商标的商品，仍根据姚常龙的安排予以销售，构成无事前通谋的共同犯罪。二是调取电子合同、发货通知、订单等电子数据，结合扣押在案的销售台账及被告人供述、证人证言等证据，证实本案各被告人在共同犯罪中所起的作用大小。三是调取涉案商标的商标注册证、核准商标转让、续展注册证明等书证，证实涉案商标系在我国注册，且在有效期内。经对上述证据进行审查，东港区检察院认为，现有证据能够证实被告人庄乾星、张超、魏子皓三人在加入万能国际公司担任销售人员后，曾对公司产品的价格与正品进行对比，且收悉产品质量差的客户反馈意见，在售假过程中发现是由古进负责对问题产品更换序列号并换货等，上述证据足以证实庄乾星、张超、魏子皓三人对其销售的光纤模块系姚常龙、古进贴牌制作的假冒注册商标的商品具有主观明知。故认定该三人构成假冒注册商标罪，与姚常龙、古进构成共同犯罪。检察机关还依法对万能国际公司是否构成单位犯罪进行了审查，认定万能国际公司自 2014 年成立后截至案发，并未开展其他业务，实际以实施犯罪活动为主，相关犯罪收益也均未归属于万能国际公司。根据《最高人民法院关于审理单位犯罪案件具体应用法律有关问题的解释》第二条的规定，公司、企业、事业单位设立后，以实施犯罪为主要活动的，不以单位犯罪论处，故不构成单位犯罪。

2019 年 9 月 6 日，东港区检察院变更公安机关移送起诉的罪名，以被告人姚常龙、古进、庄乾星、张超、魏子皓均构成假冒注册商标罪向山东省日照市东港区人民法院（以下简称东港区法院）提起公诉。

指控与证明犯罪 2019年10月10日，东港区法院依法公开开庭审理本案。庭审过程中，部分辩护人提出以下辩护意见：（1）被告人庄乾星、张超、魏子皓与被告人姚常龙不构成共同犯罪；（2）本案商品均销往境外，社会危害性较小。公诉人答辩如下：第一，庄乾星、张超、魏子皓明知自己销售的假冒注册商标的商品系姚常龙、古进贴牌生产仍继续销售，具有假冒注册商标的主观故意，构成假冒注册商标的共同犯罪。第二，本案中涉案商品均销往境外，但是被侵权商标均在我国注册登记，假冒注册商标犯罪行为发生在我国境内，无论涉案商品是否销往境外均对注册商标所有人合法权益造成侵害。合议庭对公诉意见予以采纳。

处理结果 2019年12月12日，东港区法院作出一审判决，以假冒注册商标罪分别判处被告人姚常龙、古进、庄乾星、张超、魏子皓有期徒刑二年二个月至四年不等，对古进、庄乾星、张超、魏子皓适用缓刑。同时对姚常龙判处罚金500万元，对古进等四人各处罚金14万元至25万元不等。一审判决后，上述被告人均未上诉，判决已生效。

【指导意义】

（一）假冒在我国取得注册商标的商品销往境外，情节严重构成犯罪的，依法应予追诉

凡在我国合法注册且在有效期内的商标，商标所有权人享有的商标专用权依法受我国法律保护。未经注册商标所有人许可，假冒在我国注册的商标的商品，无论由境内生产销往境外，还是由境外生产销往境内，均属违反我国商标管理法律法规，侵害商标专用权，损害商品信誉，情节严重的，构成犯罪。司法实践中，要加强对跨境侵犯注册商标类犯罪的惩治，营造良好营商环境。

（二）假冒注册商标犯罪中的上下游被告人是否构成共同犯罪，应结合假冒商品生产者和销售者之间的意思联络、对违法性的认知程度、对销售价格与正品价格差价认知情况等因素综合判断

侵犯注册商标犯罪案件往往涉案人数较多，呈现团伙作案、分工有

序实施犯罪的特点。实践中，对被告人客观行为表现为生产、销售等分工负责情形的，检察机关应结合假冒商品生产者和销售者之间的意思联络情况，销售者对商品生产、商标标识制作等违法性认知程度，对销售价格与正品价格差价的认知情况，销售中对客户有无刻意隐瞒、回避商品系假冒，以及销售者的从业经历等因素，综合判断是否构成共同犯罪。对于部分被告人在假冒注册商标行为持续过程中产生主观明知，形成分工负责的共同意思联络，并继续维持或者实施帮助销售行为的，应认定构成共同犯罪。

【相关规定】

《中华人民共和国刑法》第二十五条、第二十七条、第三十条、第六十四条、第六十七条、第二百一十三条

《最高人民法院、最高人民检察院关于办理侵犯知识产权刑事案件具体应用法律若干问题的解释》第一条、第十二条、第十三条

《最高人民法院关于审理单位犯罪案件具体应用法律有关问题的解释》第二条

案例五：金义盈侵犯商业秘密案

（检例第 102 号）

【关键词】

侵犯商业秘密　司法鉴定　专家辅助办案　证据链

【要旨】

办理侵犯商业秘密犯罪案件，被告人作无罪辩解的，既要注意审查商业秘密的成立及侵犯商业秘密的证据，又要依法排除被告人取得商业秘密的合法来源，形成指控犯罪的证据链。对鉴定意见的审查，必要时可聘请或指派有专门知识的人辅助办案。

【基本案情】

被告人金义盈，1981 年生，案发前系温州菲涅尔光学仪器有限公司（以下简称菲涅尔公司）法定代表人、总经理。

温州明发光学科技有限公司（以下简称明发公司）成立于 1993 年，主要生产、销售放大镜、望远镜等光学塑料制品。明发公司自 1997 年开始研发超薄型平面放大镜生产技术，研发出菲涅尔放大镜（"菲涅尔放大镜"系一种超薄放大镜产品的通用名称）批量生产的制作方法——耐高温抗磨专用胶板、不锈钢板、电铸镍模板三合一塑成制作方法和镍模制作方法。明发公司根据其特殊设计，将胶板、模板、液压机分别交给温州市光大橡塑制品公司、宁波市江东精杰模具加工厂、瑞安市永鑫液压机厂生产。随着生产技术的研发推进，明发公司不断调整胶板、模板、液压机的规格和功能，不断变更对供应商的要求，经过长期合作，三家供应商能够提供匹配的产品及设备。

被告人金义盈于 2005 年应聘到明发公司工作，双方签订劳动合同，最后一次合同约定工作期限为 2009 年 7 月 16 日至 2011 年 7 月 16 日。其间，金义盈先后担任业务员、销售部经理、副总经理，对菲涅尔超薄放大镜制作方法有一定了解，并掌握设备供销渠道、客户名单等信息。金义盈与明发公司签订有保密协议，其承担保密义务的信息包括：(1）技术信息，包括产品设计、产品图纸、生产模具、生产制造工艺、制造技术、技术数据、专利技术、科研成果等；（2）经营信息，包括商品的产、供、销渠道，客户名单，买卖意向，成交或商谈的价格，商品性能、质量、数量、交货日期等。并约定劳动合同期限内、终止劳动合同后两年内及上述保密内容未被公众知悉期内，不得向第三方公开上述保密内容。

2011 年初，金义盈从明发公司离职，当年 3 月 24 日以其姐夫应某甲、应某乙的名义成立菲涅尔公司，该公司 2011 年度浙江省地方税（费）纳税综合申报表载明金义盈为财务负责人。菲涅尔公司成立后随即向上述三家供应商购买与明发公司相同的胶板、模具和液压机等材料、设备，使用与明发公司相同的工艺生产同一种放大镜进入市场销售，造成明发公司经济损失人民币 122 万余元。

【检察机关履职情况】

审查起诉 2018 年 1 月 23 日，浙江省温州市公安局以金义盈涉嫌侵犯商业秘密罪移送温州市人民检察院（以下简称温州市检察院）审查起诉。1 月 25 日，温州市检察院将本案交由瑞安市人民检察院（以下简称瑞安市检察院）办理。本案被告人未作有罪供述，为进一步夯实证据基础，检察机关退回公安机关就以下事项补充侦查：金义盈是否系菲涅尔公司实际经营者，该公司生产技术的取得途径，明发公司向金义盈支付保密费情况以及金义盈到案经过等事实。

8 月 16 日，瑞安市检察院以被告人金义盈构成侵犯商业秘密罪向浙江省瑞安市人民法院（瑞安市法院）提起公诉。

指控与证明犯罪 庭审过程中，检察机关申请两名鉴定人员出庭，辩护人申请有专门知识的人出庭，就《司法鉴定意见书》质证。被告人金义盈及辩护人提出以下辩护意见：（1）鉴定人检索策略错误、未进行技术特征比对、鉴定材料厚度未能全覆盖鉴定结论，故现有证据不足以证明明发公司掌握的菲涅尔超薄放大镜生产工艺属于“不为公众所知悉”的技术信息。（2）涉案三家供应商信息属于通过公开途径可以获取的信息，不属于商业秘密。（3）菲涅尔公司系通过正常渠道获知相关信息，其使用的生产工艺系公司股东应某甲通过向其他厂家学习、询问而得知，金义盈没有使用涉案技术、经营信息的行为及故意，并提供了 8 份文献证明涉案技术信息已公开。（4）保密协议仅对保密内容作了原则性规定，不具有可操作性，保密协议约定了保密津贴，但明发公司未按约向被告人金义盈发放保密津贴。

公诉人答辩如下：第一，涉案工艺具备非公知性。上海市科技咨询服务中心知识产权司法鉴定所鉴定人通过对现有专利、国内外文献以及明发公司对外宣传材料等内容进行检索、鉴定后认为，明发公司菲涅尔超薄放大镜的特殊制作工艺不能从公开渠道获取，属于“不为公众所知悉”的技术信息。该《司法鉴定意见书》系侦查机关委托具备知识产权司法鉴定资质的机构作出的，鉴定程序合法，意见明确，具有证据证明力。涉案菲涅尔超薄放大镜的制作工艺集成了多种技术，不是仅涉及产品尺寸、结构、材料、部件的简单组合，无法通过公开的产品进行直观或简单的测绘、拆卸或投入少量劳动、技术、资金便能直接轻易获得，相反，须经本领域专业技术人员进行长期研究、反复试验方能实现。故该辩护意见不能对鉴定意见形成合理怀疑。

第二，涉案供应商信息属于商业秘密。供应商、明发公司员工证言等证据证实，三家供应商提供的胶板、模具、液压机产品和设备均系明发公司技术研发过程中通过密切合作，对规格、功能逐步调整最终符合批量生产要求后固定下来的，故相关供应商供货能力的信息为明发公司独有的经营信息，具有秘密性。明发公司会计凭证、增值税专用发票以及供应商、明发公司员工证言证实，涉案加工设备、原材料供应商均系明发公司花费大量人力、时间和资金，根据明发公司生产工艺的特定要求，对所供产品及设备的规格、功能进行逐步调试、改装后选定，能够给明发公司带来成本优势，具有价值性。明发公司与员工签订的《保密协议》中明确约定了保密事项，应当认定明发公司对该供应商信息采取了合理的保护措施，具有保密性。

第三，金义盈在明发公司任职期间接触并掌握明发公司的商业秘密。明发公司员工证言等证据证实，金义盈作为公司分管销售的副总经理，因工作需要熟悉菲涅尔超薄放大镜生产制作工艺、生产过程、加工流程等技术信息，知悉生产所需的特定设备和原材料的采购信息及销售信息。

第四，金义盈使用了明发公司的商业秘密。明发公司的菲涅尔超薄放大镜制作工艺涉及多种技术，加工时的温度、压力、保压时间等工艺参数均有特定化的要求。根据鉴定意见和专家意见，金义盈使用的超薄放大镜生产工艺与明发公司菲涅尔超薄放大镜生产工艺在相关的技术秘点比对上均实质相同，能够认定金义盈使用了商业秘密。

第五，现有证据足以排除金义盈通过其他合法渠道获取或自行研发超薄放大镜生产工艺的可能。经对菲涅尔公司账册及企业营收情况进行审计，证实该公司无任何研发资金投入，公司相关人员均无超薄放大镜等同类产品经营、技术研发背景，不具有自行研发的能力和行为。金义盈辩称其技术系由其姐夫应某甲从放大镜设备厂家蔡某处习得，但经调查蔡某并未向其传授过放大镜生产技术，且蔡某本人亦不了解该技术。

第六，保密协议约定明确，被告人金义盈应当知晓其对涉案技术信息和经营信息负有保密义务。证人证言、权利人陈述以及保密协议中保密津贴与月工资同时发放的约定，能够证实明发公司支付了保密费。合议庭对公诉意见予以采纳。

处理结果 2019 年 9 月 6 日，瑞安市法院以侵犯商业秘密罪判处被告人金义盈有期徒刑一年六个月，并处罚金 70 万元。宣判后，被告人提出上诉，温州市中级人民法院裁定驳回上诉，维持原判。

【指导意义】

（一）依法惩治侵犯商业秘密犯罪，首先要准确把握商业秘密的界定

商业秘密作为企业的核心竞争力，凝聚了企业在社会活动中创造的智力成果，关系到企业生存与发展。依法保护商业秘密是国家知识产权战略的重要组成部分。检察机关依法严惩侵害商业秘密犯罪，对保护企业合法权益，营造良好营商环境，推进科技强国均有十分重要的意义。商业秘密是否成立，是认定是否构成侵犯商业秘密罪的前提条件。检察机关应着重审查以下方面：第一，涉案信息是否不为公众所知悉。注意审查涉案商业秘密是否不为其所属领域的相关人员普遍知悉和容易获得，是否属于《最高人民法院关于审理侵犯商业秘密民事案件适用法

律若干问题的规定》第四条规定的已为公众所知悉的情形。第二，涉案信息是否具有商业价值。注意审查证明商业秘密形成过程中权利人投入研发成本、支付商业秘密许可费、转让费的证据；审查反映权利人实施该商业秘密获取的收益、利润、市场占有率等会计账簿、财务分析报告及其他体现商业秘密市场价值的证据。第三，权利人是否采取了相应的保密措施。注意审查权利人是否采取了《最高人民法院关于审理侵犯商业秘密民事案件适用法律若干问题的规定》第六条规定的保密措施，并注意审查该保密措施与商业秘密的商业价值、重要程度是否相适应、是否得到实际执行。

（二）对于被告人不认罪的情形，要善于运用证据规则，排除被告人合法取得商业秘密的可能性，形成指控犯罪的证据链

由于商业秘密的非公开性和犯罪手段的隐蔽性，认定被告人是否实施了侵犯商业秘密的行为往往面临证明困境。在被告人不作有罪供述时，为查明犯罪事实，检察机关应注意引导公安机关从被告人使用的信息与权利人的商业秘密是否实质上相同、是否具有知悉和掌握权利人商业秘密的条件、有无取得和使用商业秘密的合法来源，全面客观收集证据。特别是要着重审查被告人是否存在合法取得商业秘密的情形，应注意围绕辩方提出的商业秘密系经许可、承继、自行研发、受让、反向工程等合法方式获得的辩解，引导公安机关收集被告人会计账目、支出凭证等能够证明是否有研发费用、资金投入、研发人员工资等研发成本支出的证据；收集被告人所在单位研发人员名单、研发资质能力、实施研发行为、研发过程的证据；收集有关商业秘密的转让合同、许可合同、支付转让费、许可费的证据；收集被告人是否通过公开渠道取得产品并实施反向工程对产品进行拆卸、测绘、分析的证据，以及被告人因传承、承继商业秘密的书证等证据。通过证据之间的相互印证，排除被告人获取、使用商业秘密来源合法的可能性的，可以证实其实施侵犯商业秘密的犯罪行为。

（三）应注重对鉴定意见的审查，必要时引入有专门知识的人参与案件办理

办理侵犯商业秘密犯罪案件，由于商业秘密的认定，以及是否构成对商业秘密的侵犯，往往具有较强专业性，通常需要由鉴定机构出具专门的鉴定意见。检察机关对鉴定意见应予全面细致审查，以决定是否采信。对鉴定意见的审查应注意围绕以下方面：一是审查鉴定主体的合法性，包括鉴定机构、鉴定人员是否具有鉴定资质，委托鉴定事项是否符合鉴定机构的业务范围，鉴定人员是否存在应予回避等情形；二是审查鉴定材料的客观性，包括鉴定材料是否真实、完整、充分，取得方式是否合法，是否与原始材料一致等；三是审查鉴定方法的科学性，包括鉴定方法是否符合国家标准、行业标准，方法和标准的选用是否符合相关规定。同时，要注意审查鉴定意见与其他在案证据能否相互印证，证据之间的矛盾能否得到合理解释。必要时，可聘请或指派有专门知识的人辅助审查案件，出庭公诉时可申请鉴定人及其他有专门知识的人出庭，对鉴定意见的科学依据以及合理性、客观性发表意见，通过对技术性问题的充分质证，准确认定案件事实，加强指控和证明犯罪。

【相关规定】

《中华人民共和国刑法》第二百一十九条

《最高人民法院关于适用〈中华人民共和国刑事诉讼法〉的解释》第一百零五条

《最高人民检察院、公安部关于公安机关管辖的刑事案件立案追诉标准的规定（二）》第七十三条

《最高人民法院关于审理侵犯商业秘密民事案件适用法律若干问题的规定》第四条、第六条

《最高人民检察院关于指派、聘请有专门知识的人参与办案若干问题的规定（试行）》

最高人民检察院

关于印发最高人民检察院第二十七批指导性案例的通知

（2021 年 3 月 2 日）

各级人民检察院：

经 2021 年 2 月 26 日最高人民检察院第十三届检察委员会第六十三次会议决定，现将胡某某抢劫案等五件案例（检例第 103—107 号）作为第二十七批指导性案例（对涉罪未成年人附条件不起诉主题）发布，供参照适用。

胡某某抢劫案

（检例第 103 号）

【关键词】

抢劫　在校学生　附条件不起诉　调整考验期

【要旨】

办理附条件不起诉案件，应当准确把握其与不起诉的界限。对于涉罪未成年在校学生附条件不起诉，应当坚持最有利于未成年人健康成长原则，找准办案、帮教与保障学业的平衡点，灵活掌握办案节奏和考察帮教方式。要阶段性评估帮教成效，根据被附条件不起诉人角色转变和个性需求，动态调整考验期限和帮教内容。

【基本案情】

被附条件不起诉人胡某某，男，作案时 17 周岁，高中学生。

2015 年 7 月 20 日晚，胡某某到某副食品商店，谎称购买饮料，趁店主方某某不备，用网购的电击器杵方某某腰部索要钱款，致方某某轻微伤。后方某某将电击器夺下，胡某某逃跑，未劫得财物。归案后，胡某某的家长赔偿了被害人全部损失，获得谅解。

【检察机关履职过程】

（一）补充社会调查，依法作出不批准逮捕决定。案件提请批准逮捕后，针对公安机关移送的社会调查报告不能充分反映胡某某犯罪原因的问题，检察机关及时补充开展社会调查，查明：胡某某高一时父亲离世，为减轻经济负担，母亲和姐姐忙于工作，与胡某某沟通日渐减少。丧父打击、家庭氛围变化、缺乏关爱等多重因素导致胡某某逐渐沾染吸烟、饮酒等劣习，高二时因成绩严重下滑转学重读高一。案发前，胡某某与母亲就是否直升高三参加高考问题发生激烈冲突，母亲希望其重读高二以提高成绩，胡某某则希望直升高三报考个人感兴趣的表演类院校。在学习、家庭的双重压力下，胡某某产生了制造事端迫使母亲妥协的想法，继而实施抢劫。案发后，胡某某母亲表示愿意改进教育方式，加强监护。检察机关针对胡某某的心理问题，委托心理咨询师对其开展心理测评和心理疏导。在上述工作基础上，检察机关综合评估认为：胡某某此次犯罪主要是由于家庭变故、亲子矛盾、青春期叛逆，加之法治意识淡薄，冲动犯罪，认罪悔罪态度好，具备帮教条件，同时鉴于其赔偿了被害人损失，取得了被害人谅解，遂依法作出不批准逮捕决定。

（二）综合评估，依法适用附条件不起诉。案件审查起诉过程中，有观点认为，胡某某罪行较轻，具有未成年、犯罪未遂、坦白等情节，认罪悔罪，取得被害人谅解，其犯罪原因主要是身心不成熟，亲子矛盾处理不当，因此可直接作出不起诉决定。检察机关认真审查并听取各方面意见后认为，抢劫罪法定刑为三年有期徒刑以上刑罚，根据各种量刑情节，调节基准刑后测算胡某某可能判处有期徒刑十个月至一年，不符合犯罪情节轻微不需要判处刑罚或可以免除刑罚，直接作出不起诉决定的条件。同时，胡某某面临的学习压力短期内无法缓解，参考社会调查、心理疏导的情况，判断其亲子关系调适、不良行为矫正尚需一个过程，为保障其学业、教育管束和预防再犯，从最有利于未成年人健康成长出发，对胡某某附条件不起诉更有利于其回归社会。2016 年 3 月 11 日，检察机关对胡某某作出附条件不起诉决定，考验期一年。

（三）立足帮教目标，对照负面行为清单设置所附条件，协调各方开展精准帮教。检察机关立足胡某某系在校学生的实际，围绕亲子共同需求，确立“学业提升进步，亲子关系改善”的帮教目标，并且根据社会调查列出阻碍目标实现的负面行为清单设置所附条件，如：遵守校纪校规；不得进入娱乐场所；不得吸烟、饮酒；接受心理辅导；接受监护人监管；定期参加社区公益劳动；阅读法治书籍并提交学习心得等。在此基础上，检察机关联合学校、社区、家庭三方成立考察帮教小组，围绕所附条件，制定方案，分解任务，精准帮教。学校选派老师督促备考，关注心理动态，社区为其量身定制公益劳动项目，家庭成员接受“正面管教”家庭教育指导，改善亲子关系。检察机关立足保障学业，灵活掌握帮教的频率与方式，最大程度减少对其学习、生活的影响。组建帮教小组微信群，定期反馈与实时监督相结合，督促各方落实帮教责任，对帮教进度和成效进行跟踪考察，同时要求控制知情范围，保护胡某某隐私。针对胡某某的犯罪源于亲子矛盾这一“症结”，检察机关协同公安民警、被害人、法律援助律师、法定代理人从法、理、情三个层面真情劝诫，胡某某表示要痛改前非。

（四）阶段性评估，动态调整考验期限和帮教措施。考验期内，胡某某表现良好，参加高考并考上某影视职业学院，还积极参与公益活动。鉴于胡某某表现良好、考上大学后角色转变等情况，检察机关组织家长、学校、心理咨询师、社区召开“圆桌会议”听取各方意见。经综合评估，各方一致认为原定考验期限和帮教措施已不适应当前教育矫治需求，有必要作出调整。2016 年 9 月，检察机关决定将胡某某的考验期缩短为八个月，并对最后两个月的帮教内容进行针对性调整：开学前安排其参加企业实习，引导职业规划，开学后指导阅读法律读物，继续筑牢守法堤坝。11 月 10 日考验期届满，检察机关依法对其作出不起诉决定，并进行相关记录封存。目前，胡某某已经大学毕业，在某公司从事设计工作，心态乐观积极，家庭氛围融洽。

【指导意义】

（一）办理附条件不起诉案件，应当注意把握附条件不起诉与不起诉之间的界限。根据刑事诉讼法第一百七十七条第二款，检察机关对于犯罪情节轻微，依照刑法规定不需要判处刑罚或者可以免除刑罚的犯罪嫌疑人，可以决定不起诉。而附条件不起诉的适用条件是可能判处一年有期徒刑以下刑罚，符合起诉条件，但有悔罪表现的未成年犯罪嫌疑人，且只限定于涉嫌刑法分则第四章、第五章、第六章规定的犯罪。对于犯罪情节轻微符合不起诉条件的未成年犯罪嫌疑人，应依法适用不起诉，不能以附条件不起诉代替不起诉。对于未成年犯罪嫌疑人涉嫌刑法分则第四章、第五章、第六章规定的犯罪，根据犯罪情节和悔罪表现，尚未达到不需要判处刑罚或者可以免除刑罚程度，综合考虑可能判处一年有期徒刑以下刑罚，适用附条件不起诉能更好地达到矫正效果，促使其再社会化的，应依法适用附条件不起诉。

（二）对涉罪未成年在校学生适用附条件不起诉，应当最大限度减少对其学习、生活的影响。坚持最有利于未成年人健康成长原则，立足涉罪在校学生教育矫治和回归社会，应尽可能保障其正常学习和生活。在法律规定的办案期限内，检察机关可灵活掌握办案节奏和方式，利用假期和远程方式办案帮教，在心理疏导、隐私保护等方面提供充分保障，达到教育、管束和保护的有机统一。

（三）对于已确定的考验期限和考察帮教措施，经评估后认为不能适应教育矫治需求的，可以适时动态调整。对于在考验期中经历考试、升学、求职等角色转变的被附条件不起诉人，应当及时对考察帮教情况、效果进行评估，根据考察帮教的新情况和新变化，有针对性地调整考验期限和帮教措施，巩固提升帮教成效，促其早日顺利回归社会。考验期限和帮教措施在调整前，应当充分听取各方意见。

【相关规定】

《中华人民共和国刑法》第二百六十三条

《中华人民共和国刑事诉讼法》第一百七十七条、第二百七十七条、第二百七十九条、第二百八十二条、第二百八十三条、第二百八十四条

《人民检察院刑事诉讼规则》第四百六十一条、第四百六十三条、第四百七十六条、第四百八十条

《人民检察院办理未成年人刑事案件的规定》第二十九条、第四十条、第四十一条、第四十二条、第四十三条

《未成年人刑事检察工作指引（试行）》第一百九十四条

庄某等人敲诈勒索案

（检例第104号）

【关键词】

敲诈勒索　未成年人共同犯罪　附条件不起诉　个性化附带条件　精准帮教

【要旨】

检察机关对共同犯罪的未成年人适用附条件不起诉时，应当遵循精准帮教的要求对每名涉罪未成年人设置个性化附带条件。监督考察时，要根据涉罪未成年人回归社会的不同需求，督促制定所附条件执行的具

体计划，分阶段评估帮教效果，发现问题及时调整帮教方案，提升精准帮教实效。

【基本案情】

被附条件不起诉人庄某，男，作案时 17 周岁，初中文化，在其父的印刷厂帮工。

被附条件不起诉人顾某，女，作案时 16 周岁，职业高中在读。

被附条件不起诉人常某，男，作案时 17 周岁，职业高中在读。

被附条件不起诉人章某，女，作案时 16 周岁，职业高中在读。

被附条件不起诉人汪某，女，作案时 17 周岁，职业高中在读。

2019 年 6 月 8 日，庄某因被害人焦某给其女友顾某发暧昧短信，遂与常某、章某、汪某及女友顾某共同商量向焦某索要钱财。顾某、章某、汪某先用微信把被害人约至某酒店，以顾某醉酒为由让被害人开房。进入房间后，章某和汪某借故离开，庄某和常某随即闯入，用言语威胁的手段逼迫焦某写下 1 万元的欠条，后实际获得 5000 元，用于共同观看球赛等消费。案发后，庄某等五人的家长在侦查阶段赔偿了被害人全部损失，均获得谅解。

【检察机关履职过程】

（一）开展补充社会调查和心理测评，找出每名未成年人需要矫正的“矫治点”，设置个性化附带条件。该案公安机关未提请批准逮捕，直接移送起诉。检察机关经审查认为，庄某等五人已涉嫌敲诈勒索罪，可能判处一年以下有期徒刑，均有悔罪表现，符合附条件不起诉条件，但前期所作社会调查不足以全面反映犯罪原因和需要矫正的关键点，故委托司法社工补充社会调查，并在征得各未成年犯罪嫌疑人及法定代理人同意后进行心理测评。经分析，五人具有法治观念淡薄、交友不当、家长失管失教等共性犯罪原因，同时各有特点：庄某因被父亲强行留在家庭小厂帮工而存在不满和抵触情绪；顾某因被过分宠溺而缺乏责任感，且沉迷网络游戏；常某与单亲母亲长期关系紧张；章某因经常被父亲打骂心理创伤严重；汪某身陷网瘾。据此，检察官和司法社工研究确定了五名未成年人具有共性特点的“矫治点”，包括认知偏差、行为偏差、不良“朋友”等，和每名未成年人个性化的“矫治点”，如庄某的不良情绪、章某的心理创伤等，据此对五人均设置共性化的附带条件：参加线上、线下法治教育以及行为认知矫正活动，记录学习感受；在司法社工指导下筛选出不良“朋友”并制定远离行动方案；参加每周一次的团体心理辅导。同时，设置个性化附带条件：庄某学习管理情绪的方法，定期参加专题心理辅导；顾某、汪某主动承担家务，定期参加公益劳动，逐渐递减网络游戏时间；常某在司法社工指导下逐步修复亲子关系；章某接受心理咨询师的创伤处理。检察机关综合考虑五名未成年人共同犯罪的事实、情节及需要矫正的问题，对五名未成年人均设置了六个月考验期，并在听取每名未成年人及法定代理人对附条件不起诉的意见时，就所附条件、考验期限等进行充分沟通、解释，要求法定代理人依法配合监督考察工作。在听取公安机关、被害人意见后，检察机关于2019年10月9日对五人作出附条件不起诉决定。

（二）制定具体的帮教计划并及时评估帮教效果，调整帮教方法。在监督考察期间，检察官与司法社工共同制定了督促执行所附条件的具体帮教计划：帮教初期（第1—3周）注重训诫教育工作，且司法社工与被附条件不起诉人及法定代理人密切接触，增强信任度；帮教中期（第4—9周）通过法治教育、亲子关系修复、行为偏差矫正、团体心理辅导等多措并举，提升被附条件不起诉人法律意识，促使不良行为转变；帮教后期（第10—26周）注重促使被附条件不起诉人逐步树立正确的人生观、价值观，自觉遵纪守法。每个阶段结束前通过心理测评、自评、他评等方式评估帮教效果，发现问题及时进行研判，调整帮教方法。比如，帮教初期发现庄某和章某对负责帮教的社工有一定的抵触情绪和回避、对抗行为，通过与司法社工机构共同评估双方信任度和匹配度后，及时更换社工。再如，针对章某在三次心理创伤处理后仍呈现易怒情绪，建议社工及时增加情绪管理能力培养的内容。又如，针对汪某远离不良“朋友”后亟须正面榜样力量引领的情况，联合团委确定大学生志愿者一对一结对引导。

（三）根据未成年人个体需求，协调借助相关社会资源提供帮助，促进回归社会。针对案发后学校打算劝退其中四人的情况，检察机关与教育局、学校沟通协调，确保四人不中断学业。根据五名被附条件不起诉人对就学就业的需求，检察机关积极协调教育部门为顾某、章某分别提供声乐、平面设计辅导，联系爱心企业为常某提供模型设计的实习机会，联系人力资源部门为庄某、汪某提供免费的职业培训，让矫治干预与正向培养双管齐下。经过六个月考察帮教，五名被附条件不起诉人逐步摒弃不良行为，法治观念、守法意识增强，良好生活学习习惯开始养成。2020 年 4 月 9 日，检察机关综合五人考察期表现，均作出不起诉决定。目前，庄某已成为某西点店烘焙师，常某在模具企业学习模型设计，顾某、章某、汪某都实现了在大专院校理想专业学习的愿望。五个家庭也有较大改变，亲子关系融洽。

【指导意义】

（一）附条件不起诉设定的附带条件，应根据社会调查情况合理设置，具有个性化，体现针对性。检察机关办理附条件不起诉案件，应当坚持因案而异，根据社会调查情况，针对涉罪未成年人的具体犯罪原因和回归社会的具体需求等设置附带条件。对共同犯罪未成年人既要针对其共同存在的问题，又要考虑每名涉罪未成年人的实际情况，设定符合个体特点的附带条件并制定合理的帮教计划，做到“对症下药”，确保附条件不起诉制度教育矫治功能的实现。

（二）加强沟通，争取未成年犯罪嫌疑人及其法定代理人、学校的理解、配合和支持。检察机关应当就附带条件、考验期限等与未成年犯罪嫌疑人充分沟通，使其自觉遵守并切实执行。未成年犯罪嫌疑人的法定代理人和其所在学校是参与精准帮教的重要力量，检察机关应当通过释法说理、开展家庭教育指导等工作，与各方达成共识，形成帮教合力。

（三）加强对附带条件执行效果的动态监督，实现精准帮教。检察机关对于附条件不起诉所附带条件的执行要加强全程监督、指导，掌握落实情况，动态评估帮教效果，发现问题及时调整帮教方式和措施。为保证精准帮教目标的实现，可以联合其他社会机构、组织、爱心企业等共同开展帮教工作，帮助涉罪未成年人顺利回归社会。

【相关规定】

《中华人民共和国刑法》第二百七十四条

《中华人民共和国刑事诉讼法》第一百七十七条、第二百八十二条、第二百八十三条、第二百八十四条、第二百八十六条

《人民检察院刑事诉讼规则》第四百六十一条、第四百七十六条、第四百八十条

《人民检察院办理未成年人刑事案件的规定》第四十二条、第四十三条

《未成年人刑事检察工作指引（试行）》第三十一条、第一百八十一条、第一百九十四条、第一百九十五条、第一百九十六条

李某诈骗、传授犯罪方法，牛某等人诈骗案

（检例第105号）

【关键词】

涉嫌数罪　听证　认罪认罚从宽　附条件不起诉　家庭教育指导　社会支持

【要旨】

对于一人犯数罪符合起诉条件，但根据其认罪认罚等情况，可能判处一年有期徒刑以下刑罚的，检察机关可以依法适用附条件不起诉。对于涉罪未成年人存在家庭教育缺位或者不当问题的，应当突出加强家庭

教育指导，因案因人进行精准帮教。通过个案办理和法律监督，积极推进社会支持体系建设。

【基本案情】

被附条件不起诉人李某，男，作案时16周岁，高中学生。

被附条件不起诉人牛某，男，作案时17周岁，高中学生。

被附条件不起诉人黄某，男，作案时17周岁，高中学生。

被附条件不起诉人关某，男，作案时16周岁，高中学生。

被附条件不起诉人包某，男，作案时17周岁，高中学生。

2018年11月至2019年3月，李某利用某电商超市7天无理由退货规则，多次在某电商超市网购香皂、洗发水、方便面等日用商品，收到商品后上传虚假退货快递单号，骗取某电商超市退回购物款累计8445.53元。后李某将此犯罪方法先后传授给牛某、黄某、关某、包某，并收取1200元“传授费用”。得知这一方法的牛某、黄某、关某、包某以此方法各自骗取某电商超市15598.86元、8925.19元、6617.71元、6206.73元。

涉案五人虽不是共同犯罪，但犯罪对象和犯罪手段相同，案件之间存在关联，为便于查明案件事实和保障诉讼顺利进行，公安机关采纳检察机关建议，对五人依法并案处理。

【检察机关履职过程】

（一）适用认罪认罚从宽制度，发挥惩教结合优势。审查逮捕期间，检察机关依法分别告知五名未成年犯罪嫌疑人及其法定代理人认罪认罚从宽制度的法律规定，促其认罪认罚。五名犯罪嫌疑人均表达了认罪认罚的意愿，并主动退赃，取得了被害方某电商超市的谅解。检察机关认为五人虽利用网络实施诈骗，但并非针对不特定多数人，系普通诈骗犯罪，且主观恶性不大，犯罪情节较轻，无逮捕必要，加上五人均面临高考，因而依法作出不批准逮捕决定。审查起诉阶段，检察机关通知派驻检察院的值班律师向五人及其法定代理人提供法律帮助，并根据五人犯罪情节，认罪悔罪态度，认为符合附条件不起诉条件，提出适用附条件不起诉的意见，将帮教方案和附带条件作为具结书的内容一并签署。

（二）召开不公开听证会，依法决定附条件不起诉。司法实践中，对犯数罪可否适用附条件不起诉，因缺乏明确的法律规定而很少适用。本案中，李某虽涉嫌诈骗和传授犯罪方法两罪，但综合全案事实、社会调查情况以及犯罪后表现，依据有关量刑指导意见，李某的综合刑期应在一年以下有期徒刑，对其适用附条件不起诉制度，有利于顺利进行特殊预防、教育改造。为此，检察机关专门针对李某涉嫌数罪是否可以适用附条件不起诉召开不公开听证会，邀请了未成年犯管教干部、少年审判法官、律师、心理咨询师、公益组织负责人等担任听证员。经听证评议，听证员一致认为应对李某作附条件不起诉，以最大限度促进其改恶向善、回归正途。通过听证，李某认识到自己行为的严重性，李某父母认识到家庭教育中存在的问题，参加听证的各方面代表达成了协同帮教意向。2019 年 12 月 23 日，检察机关对李某等五人依法作出附条件不起诉决定，考验期为六个月。

（三）开展家庭教育指导，因人施策精准帮教。针对家庭责任缺位导致五人对法律缺乏认知与敬畏的共性问题，检察官会同司法社工开展了家庭教育指导，要求五人及其法定代理人在监督考察期间定期与心理咨询师沟通、与检察官和司法社工面谈，并分享法律故事、参加预防违法犯罪宣讲活动。同时，针对五人各自特点分别设置了个性化附带条件：鉴于李某父母疏于管教，亲子关系紧张，特别安排追寻家族故事、追忆成长历程以增强家庭认同感和责任感，修复家庭关系；鉴于包某性格内向无主见、极易被误导，安排其参加“您好陌生人”志愿服务队，以走上街头送爱心的方式锻炼与陌生人的沟通能力，同时对其进行“朋辈群体干扰场景模拟”小组训练，通过场景模拟，帮助其向不合理要求勇敢说“不”；鉴于黄某因达不到父母所盼而缺乏自信，鼓励其发挥特长，担任禁毒教育、网络安全等普法活动主持人，使其在学习法律知识的同时，增强个人荣誉感和家庭认同感；鉴于牛某因单亲家庭而自卑，带领其参加照料空巢老人、探访留守儿童等志愿活动，通过培养同理心增强自我认同，实现“爱人以自爱”；鉴于关某沉迷网络游戏挥霍消费，督促其担任家庭记账员，激发其责任意识克制网瘾，养成良好习惯。

（四）联合各类帮教资源，构建社会支持体系。案件办理过程中，引入司法社工全流程参与精准帮教。检察机关充分发挥“3 + 1”（检察院、未管所、社会组织和涉罪未成年人）帮教工作平台优势，并结合法治进校园“百千万工程”，联合团委、妇联、教育局共同组建“手拉手法治宣讲团”，要求五人及法定代理人定期参加法治教育讲座。检察机关还与辖区内广播电台、敬老院、图书馆、爱心企业签订观护帮教协议，组织五人及法定代理人接受和参与优秀传统文化教育或实践。2020 年 6 月 22 日，检察机关根据五人在附条件不起诉考察期间的表现，均作出不起诉决定。五人在随后的高考中全部考上大学。

【指导意义】

（一）办理未成年人犯罪案件，对于涉嫌数罪但认罪认罚，可能判处一年有期徒刑以下刑罚的，也可以适用附条件不起诉。检察机关应当根据涉罪未成年人的犯罪行为性质、情节、后果，并结合犯罪原因、犯罪前后的表现等，综合评估可能判处的刑罚。“一年有期徒刑以下刑罚”是指将犯罪嫌疑人交付审判，法院对其可能判处的刑罚。目前刑法规定的量刑幅度均是以成年人犯罪为基准设计，检察机关对涉罪未成年人刑罚的预估要充分考虑“教育、感化、挽救”的需要及其量刑方面的特殊性。对于既可以附条件不起诉也可以起诉的，应当优先适用附条件不起诉。存在数罪情形时，要全面综合考量犯罪事实、性质和情节以及认罪认罚等情况，认为并罚后其刑期仍可能为一年有期徒刑以下刑罚的，可以依法适用附条件不起诉，以充分发挥附条件不起诉制度的特殊功能，促使涉罪未成年人及早摆脱致罪因素，顺利回归社会。

（二）加强家庭教育指导，提升考察帮教效果。未成年人犯罪原因往往关联家庭，预防涉罪未成年人再犯，同样需要家长配合。检察机关在办理附条件不起诉案件中，不仅要做好对涉罪未成年人自身的考察帮教，还要通过家庭教育指导，争取家长的信任理解，引导家长转变家庭教育方式，自愿配合监督考察，及时解决问题少年背后的家庭问题，让涉罪未成年人知法悔过的同时，在重温亲情中获取自新力量，真正实现矫治教育预期目的。

（三）依托个案办理整合帮教资源，推动未成年人检察工作社会支持体系建设。检察机关办理未成年人犯罪案件，要在社会调查、人格甄别、认罪教育、不公开听证、监督考察、跟踪帮教等各个环节，及时引入司法社工、心理咨询师等各种专门力量，积极与教育、民政、团委、妇联、关工委等各方联合，依托党委、政府牵头搭建的多元化协作平台，做到专业化办案与社会化支持相结合，最大限度地实现对涉罪未成年人的教育、感化和挽救。

【相关规定】

《中华人民共和国刑法》第二百六十六条、第二百九十五条

《中华人民共和国刑事诉讼法》第一百七十三条、第二百七十七条、第二百八十二条

《人民检察院刑事诉讼规则》第十八条、第四百五十七条、第四百六十三条、第四百八十条

《未成年人刑事检察工作指引（试行）》第一百七十七条、第一百八十八条

《最高人民法院、最高人民检察院、公安部、国家安全部、司法部关于适用认罪认罚从宽制度的指导意见》第十九条、第二十三条、第二十六条、第二十七条、第二十八条、第二十九条、第三十条、第三十一条

牛某非法拘禁案

（检例第106号）

【关键词】

非法拘禁　共同犯罪　补充社会调查　附条件不起诉　异地考察帮教

【要旨】

检察机关对于公安机关移送的社会调查报告应当认真审查，报告内容不能全面反映未成年人成长经历、犯罪原因、监护教育等情况的，可以商公安机关补充调查，也可以自行或者委托其他有关组织、机构补充调查。对实施犯罪行为时系未成年人但诉讼过程中已满18周岁的犯罪嫌疑人，符合条件的，可以适用附条件不起诉。对于外地户籍未成年犯罪嫌疑人，办案检察机关可以委托未成年人户籍所在地检察机关开展异地协作考察帮教，两地检察机关要各司其职，密切配合，确保帮教取得实效。

【基本案情】

被附条件不起诉人牛某，女，作案时17周岁，初中文化，无业。

2015年初，牛某初中三年级辍学后打工，其间经人介绍加入某传销组织，后随该组织到某市进行传销活动。2016年4月21日，被害人瞿某（男，成年人）被其女友卢某（另案处理）骗至该传销组织。4月24日上午，瞿某在听课过程中发现自己进入的是传销组织，便要求卢某与其一同离开。乔某（传销组织负责人，到案前因意外事故死亡）得知情况后，安排牛某与卢某、孙某（另案处理）等人进行阻拦。次日上午，瞿某再次开门欲离开时，在乔某指使下，牛某积极参与对被害人瞿某实施堵门、言语威胁等行为，程某（另案处理）等人在客厅内以打牌名义进行看管。15 时许，瞿某在其被拘禁的四楼房间窗户前探身欲呼救时不慎坠至一楼，经法医鉴定，瞿某为重伤二级。

因该案系八名成年人与一名未成年人共同犯罪，公安机关进行分案办理。八名成年人除乔某已死亡外，均被提起公诉，人民法院以非法拘禁罪分别判处被告人有期徒刑一年至三年不等。

【检察机关履职过程】

（一）依法对牛某作出不批准逮捕决定。公安机关对未成年犯罪嫌疑人牛某提请批准逮捕后，检察机关依法讯问牛某，听取其法定代理人、辩护人及被害人的意见。经审查，检察机关认为牛某因被骗加入传销组织后，积极参与实施了非法拘禁致被害人重伤的共同犯罪行为，已构成非法拘禁罪，但在犯罪中起次要作用，且归案后供述稳定，认罪悔罪态度好，愿意尽力赔偿被害人经济损失，采取取保候审足以防止社会危险性的发生，依法对牛某作出不批准逮捕决定，并联合司法社工、家庭教育专家、心理咨询师及其法定代理人组成帮教小组，建立微信群，开展法治教育、心理疏导、就业指导等，预防其再犯。同时，商公安机关对牛某的成长经历、家庭情况、犯罪原因等进行社会调查。

（二）开展补充社会调查。案件移送起诉后，检察机关审查认为，随案移送的社会调查报告不够全面细致。为进一步查明牛某犯罪原因、犯罪后表现等情况，检察机关遂列出详细的社会调查提纲，并通过牛某户籍所在地检察机关委托当地公安机关对牛某的成长经历、犯罪原因、平时表现、社会交往、家庭监护条件、取保候审期间的表现等进行补充社会调查。调查人员通过走访牛某父母、邻居、村委会干部及打工期间的同事了解到，牛某家庭成员共五人，家庭关系融洽，母亲常年在外打工，父亲在家务农，牛某平时表现良好，服从父母管教，村委会愿意协助家庭对其开展帮教。取保候审期间，牛某在一家烧烤店打工，同事评价良好。综合上述情况，检察机关认为牛某能够被社会接纳，具备社会化帮教条件。

（三）促成与被害人和解。本案成年被告人赔偿后，被害人瞿某要求牛某赔偿五万元医药费。牛某及家人虽有赔偿意愿，但因家庭经济困难，无法一次性支付赔偿款。检察机关向被害人详细说明牛某和家人的诚意及困难，并提出先支付部分现金，剩余分期还款的赔偿方案，引导双方减少分歧。经做工作，牛某与被害人接受了检察机关的建议，牛某当面向被害人赔礼道歉，并支付现金2万元，剩余3万元承诺按月还款，两年内付清，被害人为牛某出具了谅解书。

（四）召开听证会，依法作出附条件不起诉决定。鉴于本案涉及传销，造成被害人重伤，社会关注度较高，且牛某在诉讼过程中已满18周岁，对是否适宜作附条件不起诉存在不同认识，检察机关举行不公开听证会，牛某及其法定代理人、辩护人和侦查人员、帮教人员等参加。听证人员结合具体案情、法律规定和现场提问情况发表意见，一致赞同对牛某附条件不起诉。2018年5月16日，检察机关依法对牛某作出附条件不起诉决定。综合考虑其一贯表现和犯罪性质、情节、后果、认罪悔罪表现及尚未完全履行赔偿义务等因素，参考同案人员判决情况以及其被起诉后可能判处的刑期，确定考验期为一年。

（五）开展异地协作考察帮教。鉴于牛某及其家人请求回户籍地接受帮教，办案检察机关决定委托牛某户籍地检察机关开展异地考察帮教，并指派承办检察官专程前往牛某户籍地检察机关进行工作衔接。牛某户籍地检察机关牵头成立了由检察官、司法社工、法定代理人等组成的帮教小组，根据所附条件共同制定帮助牛某提升法律意识和辨别是非能力、树立正确消费观、提高就业技能等方面的个性化帮教方案，要求牛某按照方案内容接受当地检察机关的帮教，定期向帮教检察官汇报思想、生活状况，根据协议按时、足额将赔偿款汇到被害人账户。办案检察机关定期与当地检察机关帮教小组联系，及时掌握对牛某的考察帮教情况。牛某认真接受帮教，并提前还清赔偿款。考验期满，检察机关综合牛某表现，依法作出不起诉决定。经回访，目前牛某工作稳定，各方面表现良好，生活已经走上正轨。

【指导意义】

（一）办理附条件不起诉案件，应当进行社会调查，社会调查报告内容不完整的，应当补充开展社会调查。社会调查报告是检察机关认定未成年犯罪嫌疑人主观恶性大小、是否适合作附条件不起诉以及附什么样的条件、如何制定具体的帮教方案等的重要参考。社会调查报告的内容主要包括涉罪未成年人个人基本情况、家庭情况、成长经历、社会生活状况、犯罪原因、犯罪前后表现、是否具备有效监护条件、社会帮教条件等，应具有个性化和针对性。公安机关、人民检察院、人民法院办理未成年人刑事案件，根据法律规定和案件情况可以进行社会调查。公安机关侦查未成年人犯罪案件，检察机关可以商请公安机关进行社会调查。认为公安机关随案移送的社会调查报告内容不完整、不全面的，可以商请公安机关补充进行社会调查，也可以自行补充开展社会调查。

（二）对于犯罪时系未成年人但诉讼过程中已满 18 周岁的犯罪嫌疑人，可以适用附条件不起诉。刑事诉讼法第二百八十二条规定，对于涉嫌刑法分则第四章、第五章、第六章规定的犯罪，可能判处一年有期徒刑以下刑罚，符合起诉条件，但有悔罪表现的未成年人刑事案件，可以作出附条件不起诉决定。未成年人刑事案件是指犯罪嫌疑人实施犯罪时系未成年人的案件。对于实施犯罪行为时未满 18 周岁，但诉讼中已经成年的犯罪嫌疑人，符合适用附条件不起诉案件条件的，人民检察院可以作出附条件不起诉决定。

（三）对外地户籍未成年人，可以开展异地协作考察帮教，确保帮教效果。被附条件不起诉人户籍地或经常居住地与办案检察机关属于不同地区，被附条件不起诉人希望返回户籍地或经常居住地生活工作的，办案检察机关可以委托其户籍地或经常居住地检察机关协助进行考察帮教，户籍地或经常居住地检察机关应当予以支持。两地检察机关应当根据被附条件不起诉人的具体情况，共同制定有针对性的帮教方案并积极沟通协作。当地检察机关履行具体考察帮教职责，重点关注未成年人行踪轨迹、人际交往、思想动态等情况，定期走访被附条件不起诉人的法定代理人以及所在社区、单位，并将考察帮教情况及时反馈办案检察机关。办案检察机关应当根据考察帮教需要提供协助。考验期届满前，当地检察机关应当出具被附条件不起诉人考察帮教情况总结报告，作为办案检察机关对被附条件不起诉人是否最终作出不起诉决定的重要依据。

【相关规定】

《中华人民共和国刑法》第二百三十八条

《中华人民共和国刑事诉讼法》第二百七十九条、第二百八十二条、第二百八十三条、第二百八十四条

《人民检察院刑事诉讼规则》第四百六十一条、第四百六十三条、第四百九十六条

《人民检察院办理未成年人刑事案件的规定》第三十条、第三十一条、第四十条、第四十四条

《未成年人刑事检察工作指引（试行）》第二十一条、第三十条、第六十九条、第一百八十一条、第一百九十四条、第一百九十六条

唐某等人聚众斗殴案

（检例第 107 号）

【关键词】

聚众斗殴　违反监督管理规定　撤销附条件不起诉　提起公诉

【要旨】

对于被附条件不起诉人在考验期内多次违反监督管理规定，逃避或脱离矫治和教育，经强化帮教措施后仍无悔改表现，附条件不起诉的挽救功能无法实现，符合“违反考察机关监督管理规定，情节严重”的，应当依法撤销附条件不起诉决定，提起公诉。

【基本案情】

被附条件不起诉人唐某，男，作案时 17 周岁，辍学无业。

2017 年 3 月 15 日，唐某与潘某（男，作案时 14 周岁）因琐事在电话中发生口角，相约至某广场斗殴。唐某纠集十余名未成年人，潘某纠集八名未成年人前往约架地点。上午 8 时许，双方所乘车辆行至某城市主干道红绿灯路口时，唐某等人下车对正在等红绿灯的潘某一方所乘两辆出租车进行拦截，对拦住的一辆车上的四人进行殴打，未造成人员伤亡。

【检察机关履职过程】

（一）依法适用附条件不起诉。2017 年 6 月 20 日，公安机关以唐某涉嫌聚众斗殴罪将该案移送检察机关审查起诉。检察机关审查后认为：第一，唐某涉嫌聚众斗殴罪，可能判处一年有期徒刑以下刑罚。唐某虽系聚众斗殴的纠集者，在上班高峰期的交通要道斗殴，但未造成严重后果，且案发时其不满 18 周岁，参照最高人民法院量刑指导意见以及当地同类案件已生效判决，评估唐某可能判处有期徒刑八个月至十个月。第二，唐某归案后如实供述犯罪事实，通过亲情会见、心理疏导以及看守所提供的表现良好书面证明材料，综合评估其具有悔罪表现。第三，亲子关系紧张、社会交往不当是唐某涉嫌犯罪的重要原因。唐某的母亲常年外出务工，其与父母缺乏沟通交流；唐某与社会闲散人员交往过密，经常出入夜店，夜不归宿；遇事冲动、爱逞能、好面子，对斗殴行为性质及后果存在认知偏差。第四，具备帮教矫治条件。心理咨询师对唐某进行心理疏导时，其明确表示认识到自己行为的危害性，不再跟以前的朋友来往，并提出想要学厨艺的强烈意愿。对其法定代理人开展家庭教育指导后，其母亲愿意返回家中履行监护职责，唐某明确表示将接受父母的管教和督促。检察机关综合唐某的犯罪情节、悔罪表现、犯罪成因及帮教条件并征求公安机关、法定代理人意见后，认定唐某符合附条件不起诉条件，于 2017 年 7 月 21 日依法对其作出附条件不起诉决定，考验期六个月。

（二）设置可评价考察条件，有针对性地调整强化帮教措施。检察机关成立由检察官、唐某的法定代理人和某酒店负责人组成的帮教小组，开展考察帮教工作。针对唐某的实际情况，为其提供烹饪技能培训，促其参加义务劳动和志愿者活动，要求法定代理人加强监管并禁止其出入特定场所。同时，委托专业心理咨询师对其多次开展心理疏导，对其父母开展家庭教育指导，改善亲子关系。在考验前期，唐某能够遵守各项监督管理规定，表现良好，但后期其开始无故迟到、旷工，还出入酒吧、夜店等娱乐场所。为此，检察机关及时调整强化帮教措施：第一，通过不定时电话访谈、委托公安机关不定期调取其出入网吧、住宿记录等形式监督唐某是否存在违反禁止性规定的行为，一旦发现立即训诫，并通过心理咨询师进行矫治。第二，针对唐某法定代理人监督不力的行为，重申违反考验期规定的严重后果，及时开展家庭教育指导和司法训诫。第三，安排唐某到黄河水上救援队接受先进事迹教育感化，引导其树立正确的价值观，选择具有正能量的人交往。

（三）认定违反监督管理规定情节严重，依法撤销附条件不起诉决定。因唐某自控能力较差，无法彻底阻断与社会不良人员的交往，法定代理人监管意识和监管能力不足，在经过检察机关多次训诫及心理疏导后，唐某仍擅自离开工作的酒店，并明确表示拒绝接受帮教。检察机关全面评估唐某考验期表现，认为其在考验期内，多次夜不归宿，经常在凌晨出入酒吧、夜店、KTV 等娱乐场所；与他人结伴为涉嫌寻衅滋事犯罪的人员助威；多次醉酒，上班迟到、旷工；未向检察机关和酒店负责人报告，擅自离开帮教单位，经劝说仍拒绝上班。同时，唐某的法定代理人也未如实报告唐某日常表现，在检察机关调查核实时，帮助唐某欺瞒。因此，检察机关认定唐某违反考察机关附条件不起诉的监督管理规定，情节严重。2018 年 1 月 15 日，检察机关依法撤销唐某的附条件不起诉决定。

（四）依法提起公诉，建议不适用缓刑。2018 年 1 月 17 日，检察机关以唐某涉嫌聚众斗殴罪对其提起公诉。法庭审理阶段，公诉人指出应当以聚众斗殴罪追究其刑事责任，且根据附条件不起诉考验期间调查核实的情况，认为唐某虽认罪但没有悔罪表现，且频繁出入娱乐场所，长期与社会闲散人员交往，再犯可能性较高，不适用缓刑。2018 年 3 月 16 日，法院作出一审判决，以被告人唐某犯聚众斗殴罪判处有期徒刑八个月。一审宣判后，被告人唐某未上诉。

【指导意义】

（一）针对被附条件不起诉人的实际表现，及时调整监督矫治措施，加大帮教力度。检察机关对干预矫治的情形和再犯风险应当进行动态评估，发现被附条件不起诉人在考验期内违反帮教协议的相关规定时，要及时分析原因，对仍有帮教可能性的，应当调整措施，通过延长帮教期限、心理疏导、司法训诫、家庭教育指导等多种措施加大帮教力度，及时矫正被附条件不起诉未成年人的行为认知偏差。

（二）准确把握“违反考察机关监督管理规定”行为频次、具体情节、有无继续考察帮教必要等因素，依法认定“情节严重”。检察机关经调查核实、动态评估后发现被附条件不起诉人多次故意违反禁止性监督管理规定，或者进入特定场所后违反治安管理规定，或者违反指示性监督管理规定，经检察机关采取训诫提醒、心理疏导等多种措施后仍无悔改表现，脱离、拒绝帮教矫治，导致通过附条件不起诉促进涉罪未成年人悔过自新、回归社会的功能无法实现时，应当认定为刑事诉讼法第二百八十四条第一款第二项规定的“情节严重”，依法撤销附条件不起诉决定，提起公诉。

【相关规定】

《中华人民共和国刑法》第二百九十二条

《中华人民共和国刑事诉讼法》第一百七十六条、第二百八十二条、第二百八十三条、第二百八十四条

《人民检察院刑事诉讼规则》第四百六十三条、第四百七十九条

《未成年人刑事检察工作指引（试行）》第一百九十四条、第一百九十五条、第一百九十六条、第二百零四条

宽严相济　重在转化
最大限度发挥附条件不起诉制度优势

——最高人民检察院第九检察厅负责人就第二十七批指导性案例答记者问

2021年3月2日，最高人民检察院发布第二十七批指导性案例（“对涉罪未成年人附条件不起诉”主题），最高人民检察院第九检察厅厅长史卫忠就相关问题回答了记者提问。

问：什么是附条件不起诉？适用附条件不起诉需要具备哪些条件？

答：根据刑事诉讼法第二百八十二条的规定，对于未成年人涉嫌刑法分则第四章、第五章、第六章规定的犯罪，可能判处一年有期徒刑以下刑罚，符合起诉条件，但有悔罪表现的，检察机关可以作出附条件不起诉决定。

从这个规定可以看出，适用附条件不起诉需要同时满足以下几个条件。一是适用对象是未成年人，成年人犯罪不能适用。对实施犯罪行为时系未成年人但诉讼过程中已满十八周岁的犯罪嫌疑人，符合条件的也可以适用。牛某非法拘禁案就是这样一个例子。二是涉嫌刑法分则第四章、第五章、第六章规定的犯罪，即涉嫌侵犯公民人身权利、民主权利罪，侵犯财产罪、妨害社会管理秩序罪的可以适用。其他类型犯罪，比

如危害国家安全、公共安全、破坏社会主义经济秩序等犯罪不能适用。三是可能判处一年有期徒刑以下刑罚。“一年有期徒刑以下刑罚”是指可能的宣告刑，而非法定刑，即如果将犯罪嫌疑人交付审判，法院对其可能判处的刑罚。比如，我们发布的胡某某抢劫案，抢劫犯罪法定刑为三年以上有期徒刑，但根据各种量刑情节，调节基准刑后测算胡某某可能判处有期徒刑十个月至一年，因而适用了附条件不起诉。还有发布的李某诈骗、传授犯罪方法、牛某等人诈骗案，李某虽触犯两罪，但综合全案事实、社会调查情况以及犯罪后表现，依据有关量刑指导意见，李某的综合刑期应在一年有期徒刑以下，因而也对其附条件不起诉，都取得了比较好的效果。四是符合起诉条件。对于符合刑事诉讼法第一百七十七条第二款规定的不起诉条件，也就是说，如果未成年犯罪嫌疑人属于犯罪情节轻微，依照刑法规定不需要判处刑罚或者免除刑罚条件的，应直接依法适用不起诉，不能以附条件不起诉代替不起诉。五是有悔罪表现。《未成年人刑事检察工作指引（试行）》列举了几种情形，主要包括认罪认罚，向被害人赔礼道歉、积极退赃、尽力减少或者赔偿损失，取得被害人谅解，具有自首或立功表现，犯罪中止，等等。

总之，具备以上五个条件，检察机关可以适用附条件不起诉，但这只是必要条件，而非充分条件。实践中有一些符合这些条件，但因帮教条件不具备等原因而没有被附条件不起诉。今后，我们将继续指导各地依法积极适用附条件不起诉，合理提高附条件不起诉适用率，更好地发挥这一制度的作用。

问：对未成年人附条件不起诉的监督考验期限是如何设置的？是否可以调整？

答：对符合条件的涉罪未成年人作出附条件不起诉决定，根据刑事诉讼法第二百八十三条的规定，需要设置六个月到一年的考验期，考验期的长短要与未成年人所犯罪行的性质、情节和主观恶性大小相适应。在此期间，被附条件不起诉的未成年人要遵守相关规定，并按照检察机关的要求接受矫治和教育。检察机关将根据社会调查情况，针对涉罪未成年人的具体犯罪原因和回归社会的具体需求等设置附带条件。考验期间，未成年人实施新的犯罪或者发现漏罪、违反治安管理规定或者检察机关所附条件情节严重的，将撤销附条件不起诉决定，依法提起公诉。唐某等人聚众斗殴案就是因违反考察机关附条件不起诉的监督管理规定被撤销附条件不起诉决定，后被判处有期徒刑八个月。考验期间没有上述情形，考验期满的，检察机关将依法作出不起诉的决定。其余4个案例就是这样的情况。

当然，考验期限并非一成不变。检察机关可以根据被附条件不起诉人的不同情况和个性需求，动态调整考验期限和帮教内容。比如，发布的胡某某抢劫案，鉴于胡某某表现良好、考上大学后角色转变等情况，检察机关组织家长、学校、心理咨询师、社区召开“圆桌会议”听取各方意见。经综合评估，各方一致认为原定考验期限和帮教措施已不适应当前教育矫治需求，有必要作出调整。检察机关决定将胡某某的考验期缩短为八个月。同样，根据教育矫治需要，检察机关也可以决定延长考察期限。

问：“按照考察机关的要求接受矫治和教育”具体指什么？

答：按照考察机关的要求接受矫治和教育，是指被附条件不起诉的未成年人要按照人民检察院的要求接受一系列的矫治和教育项目，主要包括：（1）完成戒瘾治疗、心理辅导或者其他适当的处遇措施；（2）向社区或者公益团体提供公益劳动；（3）不得进入特定场所，与特定的人员会见或者通信，从事特定的活动；（4）向被害人赔偿损失、赔礼道歉等；（5）接受相关教育；（6）遵守其他保护被害人安全以及预防再犯的禁止性规定。《人民检察院刑事诉讼规则》第四百七十六条对此作了明确规定。

从上述规定看，矫治和教育项目可大体分为四类：一是矫正类，如接受心理辅导、参加公益活动、接受相关教育等；二是修复类，如赔礼道歉、损害赔偿等；三是限制类，如限制进入特定区域等；四是保护观察类，如戒瘾治疗等，并规定了一个兜底条款，即“（6）遵守其他保护被害人安全以及预防再犯的禁止性规定。”也就是说，检察机关可以根据未成年人的具体情况和帮教需求来设置考察帮教的内容，以保证取得预防被附条件不起诉的未成年人重新犯罪、促进其健康成长的实效。

问：如果被害人不同意检察机关对涉罪未成年人附条件不起诉，检察机关可以作出附条件不起诉吗？如何保护被害人的利益？

答：根据刑事诉讼法第二百八十二条的规定，人民检察院在作出附条件不起诉的决定以前，应当听取被害人的意见，如果被害人对人民检察院作出的附条件不起诉决定不服，可以在收到决定书后七日以内向上一级人民检察院申诉。也就是说，刑事诉讼法赋予了被害人对附条件不起诉的程序参与权，以及通过申诉寻求救济的权利，但其意见及申诉在法定层面不具有阻断附条件不起诉决定的效力，即使被害人不同意，检察机关依然有权从教育、感化、挽救出发，对涉罪未成年人作出附条件不起诉决定。但是，在实践中，检察机关对被害人的意见非常重视，一方面，因为被害人是受犯罪行为侵害的人，在诉讼中是一方当事人，而检察机关负有维护当事人合法权益的职责。被害人的意见对于检察机关而言非常重要，如果没有特别充分的理由，被害人意见检察机关一般是采纳的。另一方面，涉罪未成年人回归社会需要一个和谐的环境，如果在被害人强烈反对的情况下，检察机关仍作出附条件不起诉决定，不仅可能激化矛盾、引发不稳定因素，而且对于涉罪未成年人顺利回归社会也不利。《人民检察院办理未成年人刑事案件的规定》规定：“对于决定附条件不起诉可能激化矛盾或者引发不稳定因素的，人民检察院应当慎重适用。”也就是说，被害人的意见对附条件不起诉的决定有重要的影响。这也符合“双向保护原则”，以避免执法的片面性。

实践中，检察机关会尽可能地鼓励、说服涉罪未成年人及其法定代理人通过认罪认罚、赔偿损失、赔礼道歉等方式获得被害人谅解，把保护被害人对附条件不起诉的救济权转化为事前对其权益的关注和尊重，在做好释法说理的同时，尽最大可能依法满足其回归正常生活的需要，包括物质、精神损失获得补偿，相关困难得到解决等。因此，促使被害人对涉罪未成年人谅解或双方达成和解，就成为检察机关作出附条件不起诉决定前的重要工作，实践中便呈现出附条件不起诉制度与刑事和解制度结合适用的局面，二者往往相互影响，在过程中互为条件，在法律后果上相互印证。需要指出的是，在未成年人刑事案件的和解中，不是只看或者重点关注是否赔偿到位，而是更注重促进涉罪未成年人从认知到情感的社会化，真正起到实质性的唤醒良知的作用。未成年人及其法定代理人只要有和解的诚意，即使无力赔偿，检察机关也可以通过司法求助等方式予以解决。

问：附条件不起诉制度整体适用情况怎么样？下步重点工作是什么？

答：从法律确立附条件不起诉制度以来，检察机关对符合条件的涉罪未成年人积极适用，2015 年以来，适用人数逐年上升，2015 年至 2019 年，适用人数分别为 3779 人、4455 人、5681 人、6624 人、7463 人，占审查起诉未成年人总人数的比率（以下简称附条件不起诉适用率）分别为 6. 04%、8. 00%、10. 06%、12. 15%、12. 51%。特别是 2020 年以来，最高人民检察院指导各地检察机关坚持依法应用尽用原则，前 11 个月对未成年人决定附条件不起诉 9401 人，附条件不起诉适用率达 19. 9%，同比上升 7. 8 个百分点。

同时，附条件不起诉考验期间因违反相关规定或者重新犯罪被提起公诉人数保持在较低水平，2015 年至 2019 年分别为 99 人、141 人、134 人、183 人、233 人，被重新提起公诉人数占附条件不起诉总数的比率基本保持在 2. 3% 至 3. 2% 之间。2020 年前 11 个月，附条件不起诉后重新起诉 232 人，占附条件不起诉人数的 2. 47%，反映附条件不起诉制度整体适用情况良好，且随着适用人数不断增加，教育挽救和监督考察效果非但没有下降，反而有所提升。

下一步，我们将以发布本批指导性案例为抓手，进一步加强附条件不起诉工作。一是提高附条件不起诉案件质量。准确把握适用附条件不起诉的条件，严格规范适用程序，推动解决调查报告形式化、同质化等问题，进一步提升所附条件的针对性。二是合理提高附条件不起诉适用率。对符合附条件不起诉条件的案件，依法积极适用，尤其是对做相对不起诉处理或者法院判处一年及以下有期徒刑未成年人犯罪案件较多的地方，加强跟踪指导，加大适用力度，维护好未成年人合法权益。三是加强对附条件不起诉制度的调研分析。研究适用条件、合理范围，为进一步完善附条件不起诉制度提供检察经验和智慧。

问：在附条件不起诉工作中，未成年人检察社会支持体系能够发挥什么作用？

答：从发布的指导性案例可以看出，做好附条件不起诉工作，不仅要依托于专业司法队伍的构建，也有赖于未成年人检察工作社会支持体系建设。这几件指导性案例，一个共同的特点就是，检察机关注重在个案办理每个环节中，主动争取、整合相关社会力量的支持参与。如有的在审查逮捕、审查起诉中，全程引入司法社工落实社会调查、跟踪帮教等特殊程序；有的在依法讯问、调查核实中，聘请心理专家开展人格甄别、犯罪心理分析等基础性工作；有的在适用认罪认罚、附条件不起诉制度中，借力律师、监管人员等实施认罪教育、矫治教育等措施；有的在做好案件后半篇文章中，争取团委、妇联、民政、教育、关工委等部门支持，建立未成年人犯罪预防机制等。坚持在办案中推进社会支持体系建设，在推进社会支持体系建设中促进办案，以有效的沟通做到靶向发力，以密切的协作实现优势互补，以资源的整合实现多赢共赢，最大限度体现教育、感化、挽救方针，更大程度凸显以人民为中心的司法追求，最终实现司法办案“三个效果”有机统一，有效推进未成年人保护社会治理，推动形成党委领导、政府支持、检察监督、社会协同、公众参与的未成年人检察工作社会化支持体系。

最高人民检察院　中国人民银行

惩治洗钱犯罪典型案例

（2021年3月19日）

曾某洗钱案

——准确认定黑社会性质的组织犯罪所得及收益，
严惩洗钱犯罪、助力“打财断血”

一、基本案情

被告人曾某，系江西省众某实业有限公司（以下简称“众某公司”）法定代表人。

（一）上游犯罪

2009年至2016年，熊某（另案处理）在担任江西省南昌市生米镇山某村党支部书记期间，组织、领导黑社会性质组织，依仗宗族势力长期把持村基层政权，垄断村周边工程攫取高额利润，以暴力、威胁及其他手段，有组织地实施故意伤害、寻衅滋事、聚众斗殴、非国家工作人员受贿等一系列违法犯罪活动，称霸一方，严重扰乱当地正常的政治、经济、社会生活秩序。熊某因犯组织、领导黑社会性质组织罪、故意伤害罪、寻衅滋事罪、聚众斗殴罪、非国家工作人员受贿罪、对非国家工作人员行贿罪被判处执行有期徒刑二十三年，剥夺政治权利二年，并处没收个人全部财产。

（二）洗钱犯罪

2014年，南昌市银某房地产开发有限公司（以下简称“银某公司”）为低价取得山某村157.475亩土地使用权进行房地产开发，多次向熊某行贿，曾某以提供银行账户、转账、取现等方式，帮助熊某转移受贿款共计3700万元。其中，2014年1月29日，曾某受熊某指使，利用众某公司银行账户接收银某公司行贿款500万元，然后转账至其侄女曾某琴银行账户，再拆分转账至熊某妻子及黑社会性质组织其他成员银行账户。2月13日，在熊某帮助下，银某公司独家参与网上竞拍，并以起拍价取得上述土地使用权。4月至12月，熊某利用其实际控制的江西雅某实业有限公司（以下简称“雅某公司”）银行账户，接收银某公司以工程款名义分4次转入的行贿款，共计3200万元。后曾某受熊某指使，多次在雅某公司法定代表人陈某陪同下，通过银行柜台取现、直接转账或者利用曾某个人银行账户中转等方式，将上述3200万元转移给熊某及其妻子、黑社会性质组织其他成员。上述3700万元全部用于以熊某为首的黑社会性质组织的日常开支和发展壮大。

2016年11月16日，熊某因另案被检察机关立案侦查，曾某担心其利用众某公司帮助熊某接收、转移500万元受贿款的事实暴露，以众某公司名义与银某公司签订虚假土方平整及填砂工程施工合同，将上述500万元受贿款伪装为银某公司支付给众某公司的项目工程款。

二、诉讼过程

2018年11月28日，南昌市公安局以涉嫌组织、领导、参加黑社会性质组织罪等六个罪名将熊某等18人移送起诉。检察机关审查发现在案查封、扣押、冻结的财产与该黑社会性质组织经济规模严重不符，大量犯罪所得去向不明，随即依法向中国人民银行南昌中心支行调取该黑社会性质组织所涉账户资金去向相关证据材料，并联同公安机关、人民银行反洗钱部门对本案所涉大额取现、频繁划转、使用关联人账户等情况进行追查、分析，查明曾某及其关联账户与熊某等黑社会性质组织成员的账户之间有大额频繁的异常资金转移。2019 年 3 月 30 日，南昌市东湖区人民检察院向南昌市公安局发出《补充移送起诉通知书》，要求对曾某以涉嫌洗钱罪补充移送起诉。南昌市公安局立案侦查后，于 5 月 13 日移送起诉。

曾某到案后，辩称对熊某黑社会性质组织犯罪不知情，不具有洗钱犯罪主观故意。东湖区人民检察院介入侦查，引导公安机关进一步查证曾某协助转移资金的主观心态：一是收集曾某、熊某二人关系的证据，结合曾某对二人交往情况的相关供述，证明曾某、熊某二人同是生米镇本地人，交往频繁，是好友关系，曾某知道熊某在当地称霸并实施多种违法犯罪活动。二是收集曾某身份及专业背景的证据，结合曾某对工程建设的相关供述，证明曾某长期从事工程承揽、项目建设等业务，知道银某公司在工程未开工的情况下付给熊某 3700 万元工程款不符合工程建设常规，实际上是在拿地、拆迁等事项上有求于熊某。根据上述证据，东湖区人民检察院认定曾某主观上应当知道其帮助熊某转移的 3700 万元系黑社会性质的组织犯罪所得，于 2019 年 6 月 28 日以洗钱罪对曾某提起公诉。东湖区人民法院于同年 11 月 15 日作出判决，认定曾某犯洗钱罪，判处有期徒刑三年六个月，并处罚金 300 万元。曾某未上诉，判决已生效。

三、典型意义

1. 检察机关办理涉黑案件时，要对与黑社会性质组织及其违法犯罪活动有关的财产进行深入审查，深挖为黑社会性质组织转移、隐匿财产的洗钱犯罪线索，“打财断血”，摧毁其死灰复燃的经济基础。发现洗钱犯罪线索的，应当通知公安机关立案侦查；发现遗漏应当移送起诉的犯罪嫌疑人和犯罪事实的，应当要求公安机关补充移送起诉；犯罪事实清楚，证据确实、充分的，可以直接提起公诉。

2. 黑社会性质的组织犯罪所得及其产生的收益，包括在黑社会性质组织的形成、发展过程中，该组织及组织成员通过违法犯罪活动或其他不正当手段聚敛的全部财物、财产性权益及其孳息、收益。认定黑社会性质组织及其成员实施的各种犯罪所得及其产生的收益，可以从涉案财产是否为该组织及其成员通过违法犯罪行为获取、是否系利用黑社会性质组织影响力和控制力获取、是否用于黑社会性质组织的日常开支和发展壮大等方面综合判断。

3. 对上游犯罪所得及其产生的收益的认识，包括知道或者应当知道。检察机关办理涉黑洗钱案件，要注意审查洗钱犯罪嫌疑人与黑社会性质组织成员交往细节、密切程度、身份背景、从业经历等证据，补强其了解、知悉黑社会性质组织及具体犯罪行为的证据；对黑社会性质组织称霸一方实施违法犯罪的事实知情，辩称对相关行为的法律定性不知情的，不影响对主观故意的认定。

4. 发挥行政、司法职能作用，做好行刑衔接与配合。人民银行是反洗钱行政主管部门，要加强对大额交易和可疑交易信息的收集分析监测，发现重大嫌疑主动开展反洗钱调查，并向司法机关提供洗钱犯罪线索和侦查协助。人民检察院办案中发现洗钱犯罪线索，可以主动向人民银行调取所涉账户资金来源、去向的证据，对大额取现、频繁划转、使用关联人账户等异常资金流转情况可以联同公安机关、人民银行反洗钱部门等进行分析研判，及时固定洗钱犯罪主要证据。

雷某、李某洗钱案

——准确认定以隐匿资金流转痕迹为目的的多种洗钱手段，行刑双罚共促洗钱犯罪惩治和预防

一、基本案情

被告人雷某、李某，均系杭州瑞某商务咨询有限公司（以下简称“瑞某公司”）员工。

（一）上游犯罪

2013 年至 2018 年 6 月，朱某（另案处理）为杭州腾某投资管理咨询有限公司（以下简称“腾某公司”）实际控制人，未经国家有关部门依法批准，以高额利息为诱饵，通过口口相传、参展推广等方式向社会公开宣传 ACH 外汇交易平台，以腾某公司名义向 1899 名集资参与人非法集资 14. 49 亿余元。截至案发，造成 1279 名集资参与人损失共计 8. 46 亿余元。2020 年 3 月 31 日，杭州市人民检察院以集资诈骗罪对朱某提起公诉。2020 年 12 月 29 日，杭州市中级人民法院作出判决，认定朱某犯集资诈骗罪，判处无期徒刑，剥夺政治权利终身，并处没收个人全部财产。宣判后，朱某提出上诉。

（二）洗钱犯罪

2016 年年底，朱某出资成立瑞某公司，聘用雷某、李某为该公司员工，并让李某挂名担任法定代表人，为其他公司提供商业背景调查服务。2017 年 2 月至 2018 年 1 月，雷某、李某除从事瑞某公司自身业务外，应朱某要求，明知腾某公司以外汇理财业务为名进行非法集资，仍向朱某提供多张本人银行卡，接收朱某实际控制的多个账户转入的非法集资款。之后，雷某、李某配合腾某公司财务人员罗某（另案处理）

等人，通过银行大额取现、大额转账、同柜存取等方式将上述非法集资款转移给朱某。其中，大额取现 2404 万余元，交给朱某及其保镖；大额转账 940 万余元，转入朱某实际控制的多个账户及房地产公司账户用于买房；银行柜台先取后存 6299 万余元，存入朱某本人账户及其实际控制的多个账户。其中，雷某转移资金共计 6362 万余元，李某转移资金共计 3281 万余元。二人除工资收入外，自 2017 年 6 月起收取每月 1 万元的好处费。

二、诉讼和处罚过程

2019 年 7 月 16 日，杭州市公安局拱墅分局以雷某、李某涉嫌洗钱罪将案件移送起诉。2019 年 8 月 29 日，拱墅区人民检察院以洗钱罪对雷某、李某提起公诉。2019 年 11 月 19 日，拱墅区人民法院作出判决，认定雷某、李某犯洗钱罪，分别判处雷某有期徒刑三年六个月，并处罚金 360 万元，没收违法所得；李某有期徒刑三年，并处罚金 170 万元，没收违法所得。宣判后，雷某提出上诉，李某未上诉。2020 年 6 月 11 日，杭州市中级人民法院裁定驳回上诉，维持原判。

案发后，中国人民银行杭州中心支行启动对经办银行的行政调查程序，认定经办银行重业绩轻合规，银行柜台网点未按规定对客户的身份信息进行调查了解与核实验证；银行柜台网点对客户交易行为明显异常且多次触发反洗钱系统预警等情况，均未向内部反洗钱岗位或上级行对应的管理部门报告；银行可疑交易分析人员对显而易见的疑点不深纠、不追查，并以不合理理由排除疑点，未按规定报送可疑交易报告。经办银行在反洗钱履职环节的上述违法行为，导致本案被告人长期利用该行渠道实施犯罪。依据反洗钱法第三十二条的规定，对经办银行罚款 400 万元。

三、典型意义

1. 在非法集资等犯罪持续期间帮助转移犯罪所得及收益的行为，

可以构成洗钱罪。非法集资等犯罪存在较长期的持续状态，在犯罪持续期间帮助犯罪分子转移犯罪所得及收益，符合刑法第一百九十一条规定的，应当认定为洗钱罪。上游犯罪是否结束，不影响洗钱罪的构成，洗钱行为在上游犯罪实施终了前着手实施的，可以认定洗钱罪。

2. 洗钱犯罪手段多样，变化频繁，本质都是通过隐匿资金流转关系，掩饰、隐瞒犯罪所得及收益的来源和性质。本案被告人为隐匿资金真实去向，大额取现或者将大额赃款在多个账户间进行频繁划转；为避免直接转账留下痕迹，将转账拆分为先取现后存款，人为割裂交易链条，利用银行支付结算业务采取了多种手段实施洗钱犯罪。实践中除上述方式外，还有利用汇兑、托收承付、委托收款或者开立票据、信用证以及利用第三方支付、第四方支付等互联网支付业务实施的洗钱犯罪，资金转移方式更专业，洗钱手段更隐蔽。检察机关在办案中要透过资金往来表象，认识行为本质，准确识别各类洗钱手段。

3. 充分发挥金融机构、行政监管和刑事司法反洗钱工作合力，共同落实反洗钱义务和责任。金融机构应当建立并严格执行反洗钱内部控制制度，履行客户尽职调查义务、大额交易和可疑交易报告义务，充分发挥反洗钱“第一防线”的作用。人民银行要加强监管，对涉嫌洗钱的可疑交易活动进行反洗钱调查，对金融机构反洗钱履职不力的违法行为作出行政处罚，涉嫌犯罪的，应当及时移送公安机关立案侦查。人民检察院要充分发挥法律监督职能作用和刑事诉讼中指控证明犯罪的主导责任，准确追诉犯罪，发现金融机构涉嫌行政违法的，及时移送人民银行调查处理，促进行业治理。

陈某枝洗钱案

——准确认定利用虚拟货币洗钱新手段，上游犯罪查证属实未判决的，不影响洗钱罪的认定

一、基本案情

被告人陈某枝，无业，系陈某波（另案处理）前妻。

（一）上游犯罪

2015年8月至2018年10月间，陈某波注册成立意某金融信息服务公司，未经国家有关部门批准，以公司名义向社会公开宣传定期固定收益理财产品，自行决定涨跌幅，资金主要用于兑付本息和个人挥霍，后期拒绝兑付；开设数字货币交易平台发行虚拟币，通过虚假宣传诱骗客户在该平台充值、交易，虚构平台交易数据，并通过限制大额提现提币、谎称黑客盗币等方式掩盖资金缺口，拖延甚至拒绝投资者提现。2018年11月3日，上海市公安局浦东分局对陈某波以涉嫌集资诈骗罪立案侦查，涉案金额1200余万元，陈某波潜逃境外。

（二）洗钱犯罪

2018年年中，陈某波将非法集资款中的300万元转账至陈某枝个人银行账户。2018年8月，为转移财产，掩饰、隐瞒犯罪所得，陈某枝、陈某波二人离婚。2018年10月底至11月底，陈某枝明知陈某波因涉嫌集资诈骗罪被公安机关调查、立案侦查并逃往境外，仍将上述300万元转至陈某波个人银行账户，供陈某波在境外使用。另外，陈某枝按照陈某波指示，将陈某波用非法集资款购买的车辆以90余万元的低价出售，随后在陈某波组建的微信群中联系比特币“矿工”，将卖车钱款全部转账给“矿工”换取比特币密钥，并将密钥发送给陈某波，供其在境外兑换使用。陈某波目前仍未到案。

二、诉讼过程

上海市公安局浦东分局在查办陈某波集资诈骗案中发现陈某枝洗钱犯罪线索，经立案侦查，于 2019 年 4 月 3 日以陈某枝涉嫌洗钱罪将案件移送起诉。上海市浦东新区人民检察院经审查提出补充侦查要求，公安机关根据要求向中国人民银行上海总部调取证据。中国人民银行上海总部指导商业银行等反洗钱义务机构排查可疑交易，通过穿透资金链、分析研判可疑点，向公安机关移交了相关证据。上海市浦东新区人民检察院经审查认为，陈某枝以银行转账、兑换比特币等方式帮助陈某波向境外转移集资诈骗款，构成洗钱罪；陈某波集资诈骗犯罪事实可以确认，其潜逃境外不影响对陈某枝洗钱犯罪的认定，于 2019 年 10 月 9 日以洗钱罪对陈某枝提起公诉。2019 年 12 月 23 日，上海市浦东新区人民法院作出判决，认定陈某枝犯洗钱罪，判处有期徒刑二年，并处罚金 20 万元。陈某枝未提出上诉，判决已生效。

办案过程中，上海市人民检察院向中国人民银行上海总部提示虚拟货币领域洗钱犯罪风险，建议加强新领域反洗钱监管和金融情报分析。中国人民银行将本案作为中国打击利用虚拟货币洗钱的成功案例提供给国际反洗钱组织——金融行动特别工作组，向国际社会介绍中国经验。

三、典型意义

1. 利用虚拟货币跨境兑换，将犯罪所得及收益转换成境外法定货币或者财产，是洗钱犯罪新手段，洗钱数额以兑换虚拟货币实际支付的资金数额计算。虽然我国监管机关明确禁止代币发行融资和兑换活动，但由于各个国家和地区对比特币等虚拟货币采取的监管政策存在差异，通过境外虚拟货币服务商、交易所，可实现虚拟货币与法定货币的自由兑换，虚拟货币被利用成为跨境清洗资金的新手段。

2. 根据利用虚拟货币洗钱犯罪的交易特点收集运用证据，查清法定货币与虚拟货币的转换过程。要按照虚拟货币交易流程，收集行为人将赃款转换为虚拟货币、将虚拟货币兑换成法定货币或者使用虚拟货币的交易记录等证据，包括比特币地址、密钥，行为人与比特币持有者的联络信息和资金流向数据等。

3. 上游犯罪查证属实，尚未依法裁判，或者依法不追究刑事责任的，不影响洗钱罪的认定和起诉。在追诉犯罪过程中，可能存在上游犯罪与洗钱犯罪的侦查、起诉以及审判活动不同步的情形，或者因上游犯罪嫌疑人潜逃、死亡、未达到刑事责任年龄等原因出现暂时无法追究刑事责任或者依法不追究刑事责任等情形。洗钱罪虽是下游犯罪，但是仍然是独立的犯罪，从惩治犯罪的必要性和及时性考虑，存在上述情形时，可以将上游犯罪作为洗钱犯罪的案内事实进行审查，根据相关证据能够认定上游犯罪的，上游犯罪未经刑事判决确认不影响对洗钱罪的认定。

4. 人民检察院对办案当中发现的洗钱犯罪新手段新类型新情况，要及时向人民银行通报反馈，提示犯罪风险、提出意见建议，帮助丰富反洗钱监测模型、完善监管措施。人民银行要充分发挥反洗钱国际合作职能，向国际反洗钱组织主动提供成功案例，通报新型洗钱手段和应对措施，深度参与反洗钱国际治理，向世界展示中国作为负责任的大国在反洗钱工作方面的决心和力度。

张某洗钱案

——开展“一案双查”，自行侦查深挖洗钱犯罪线索

一、基本案情

被告人张某，原系江苏某机关工作人员。

（一）上游犯罪

2007 年至 2012 年间，被告人张某的前夫陈某（另案处理）以个人

或者徐州泰某投资管理有限公司等单位的名义，以投资生产蓄电池、硅导体等需要大量资金为由，通过虚构专利产品、夸大生产规模和效益等手段，在南京、徐州地区向社会公众非法集资人民币10亿余元，造成集资参与人损失7亿余元。陈某因犯集资诈骗罪被判处无期徒刑，剥夺政治权利终身，没收个人全部财产。

（二）洗钱犯罪

2007年至2012年间，被告人张某明知陈某从事非法集资活动，先后开立6个银行账户，提供给陈某使用，共接收陈某从其个人及其实际控制的亲友银行账户转入的非法集资款6.6亿余元。张某前往银行柜台将其中的67万余元转账至陈某控制的其他银行账户，1156万元以开具本票的方式支取并汇入陈某控制的其他银行账户、取现给陈某或者用于购物付款；张某还将网银U盾提供给陈某，由陈某及其公司会计将其余6.5亿余元使用U盾陆续转出。另外，2009年3月至2011年8月间，张某将工资卡账户提供给陈某，接受陈某转入的非法集资款共计307万元，张某将转入资金与工资混用，用于消费、信用卡还款、取现等。

二、诉讼过程

在陈某集资诈骗案审查起诉过程中，集资参与人返还投资款诉求强烈。经两次退回补充侦查，仍有部分集资诈骗资金去向不明，南京市人民检察院决定自行侦查，并依法向中国人民银行南京分行调取证据。中国人民银行南京分行通过监测分析相关人员银行账户交易情况，发现陈某本人及关联账户巨额资金流入其前妻张某账户。经传讯，张某辩称其名下银行卡由陈某开立并实际使用，且已与陈某离婚多年，对陈某非法集资并不知情。针对张某辩解，检察机关进一步调取相关证据：一是调取银行卡开户申请、本票申请书、转账凭证等书证，并委托检察技术部门对签名进行笔迹鉴定，确认签名系张某书写，证明全部涉案银行卡、本票以及柜台转账均为张某本人前往银行办理。二是询问陈某亲属、公司工作人员证实，张某与陈某离婚不离家，仍然以夫妻名义共同生活、对外交往，公司员工曾告知张某协助陈某吸储的工作职责，张某曾向公司负责集资的员工表示将及时归还借款。上述证据证明张某应当知道陈某从事非法集资活动。检察机关自行侦查查明了陈某非法集资款的部分去向，同时发现张某明知陈某汇入其银行账户的资金来源于非法集资犯罪，仍然提供资金账户，协助将非法集资款转换为金融票证，协助转移资金，涉嫌洗钱罪。

南京市人民检察院依法对陈某以集资诈骗罪提起公诉后，将张某涉嫌洗钱罪的线索和证据移送公安机关立案侦查。南京市公安局鼓楼分局经立案侦查，于2016年3月21日对张某以涉嫌洗钱罪移送起诉。2016年9月26日，南京市鼓楼区人民检察院以洗钱罪对张某提起公诉。2017年8月9日，南京市鼓楼区人民法院作出判决，认定张某犯洗钱罪，判处有期徒刑七年，并处罚金4000万元。宣判后，张某提出上诉。2017年12月25日，南京市中级人民法院裁定驳回上诉，维持原判。

三、典型意义

1. 检察机关对需要补充侦查的案件，可以退回公安机关补充侦查，也可以自行侦查。特别是对经退回补充侦查，公安机关未按补充侦查要求补充收集证据，关键证据存在灭失风险，需要及时收集固定，侦查活动可能存在违法情形的，检察机关应当依法自行侦查，并将自行侦查的结果向公安机关通报，对侦查人员怠于侦查的情况提出纠正意见。

2. 检察机关对洗钱罪上游犯罪开展自行侦查的，应当同步审查是否涉嫌洗钱犯罪。在自行侦查、同步审查时，应当注意全面收集、审查上游犯罪所得及收益的去向相关证据，如资金转账、交易记录等。发现洗钱犯罪线索的，应当将犯罪线索和收集的证据及时移送公安机关立案侦查，并做好跟踪监督工作，依法惩治洗钱犯罪。

3. 有效运用自行侦查追缴违法所得，切实维护人民群众合法权益。

非法集资案件中，犯罪分子往往通过各种违法手段转移非法集资款，集资参与人损失惨重。以追踪资金为导向，严惩转移非法集资款的洗钱犯罪，有利于及时查清资金去向，有效截断资金转移链条，提高追缴犯罪所得的效率效果。在依法查办陈某集资诈骗案过程中，检察机关主动作为，依法自行侦查、立案监督、追诉张某洗钱罪，会同公安机关及时查清、查封涉案资产，追缴犯罪所得，返还集资参与人，有力维护了人民群众合法权益。

林某娜、林某吟等人洗钱案

——严厉惩治家族化洗钱犯罪，斩断毒品犯罪资金链条

一、基本案情

被告人林某娜，系深圳市菲某酒业有限公司（以下简称“菲某公司”）及广州市永某资产管理有限公司（以下简称“永某公司”）法定代表人。被告人林某吟，系深圳市雅某酒业有限公司（以下简称“雅某公司”）法定代表人。被告人黄某平，系深圳市通某二手车经纪有限公司（以下简称“通某公司”）法定代表人。被告人陈某真，无业。

（一）上游犯罪

2011 年，林某永贩卖 1875 千克麻黄素给蔡某璇等多人，供其制造毒品甲基苯丙胺，共计 180 千克。2009 年至 2011 年，蔡某璇多次伙同他人共同贩卖、制造毒品甲基苯丙胺共计 20 余千克。

（二）洗钱犯罪

2010 年至 2014 年，林某娜明知是毒品犯罪所得及收益，仍帮助哥哥林某永将上述资金用于购房、投资，并提供账户帮助转移资金，共计 1743 万余元。其中，2010 年至 2011 年，林某娜多次接收林某永交予的现金共 165 万元，用于购买广东省陆丰市房产一套；2011 年，林某娜

购买深圳市瑞某花园房产一套，实际由林某永一次性现金支付239万余元购房款。以上房产均为林某娜为林某永代持。2011年至2013年，林某娜提供本人及丈夫的银行账户多次接收林某永转入资金共289万余元，之后以提现、转账等方式交给林某永、黄某平。2011年至2014年，林某娜使用林某永提供的1050万元，注册成立菲某公司和永某公司，并担任法定代表人，将上述注册资金用于公司经营。另外，2011年至2014年，林某娜三次为林某永窝藏毒赃，其中两次在其住处为林某永保管现金，一次从林某永的住处将现金转移至其住处并保管，保管、转移毒赃共约2460万元。

2011年至2014年，林某吟明知是毒品犯罪所得及收益，仍帮助哥哥林某永将上述资金用于投资，并提供账户帮助转移资金，共计1150万元。其中，2013年至2014年，林某吟使用林某永提供的350万元，注册成立雅某公司，并担任法定代表人，将上述注册资金用于公司经营。2011年至2014年，林某吟提供本人银行账户多次接收林某永转入资金共800万元，之后按林某永指示转账给他人700万元，购买理财产品、发放雅某公司员工工资共计100万元。

2011年至2013年，黄某平明知是毒品犯罪所得及收益，仍帮助男友林某永将上述资金用于购房、投资，并提供账户帮助转移资金，共计1719万余元。其中，2011年至2012年，黄某平使用林某永提供的200万元，注册成立通某公司，并担任法定代表人，将上述注册资金用于公司经营。2011年至2013年，黄某平提供本人及通某公司银行账户接收林某永转账或将林某永交予的现金存入上述账户，共计1519万余元，之后转账至双方亲友账户、用于消费支出、购买理财产品，以及支付以黄某平名义购买的深圳市荔某花园一套房产的首付款。

2010年至2011年，陈某真明知是毒品犯罪所得及收益，仍帮助丈夫蔡某璇用于购买房地产，共计730余万元。其中，2010年9月，陈某真使用蔡某璇交予的现金60余万元，以其子蔡某胜的名义购买陆丰市房产一套；2011 年 5 月，陈某真使用蔡某璇交予的现金 670 万元，与林某永合伙，以蔡某璇弟弟蔡某墙的名义，购买陆丰市某建材经营部名下 4680 平方米土地使用权。

二、诉讼过程

2014 年 8 月 19 日，广东省公安厅将本案移送起诉。2014 年 9 月 25 日，广东省人民检察院指定佛山市人民检察院审查起诉。佛山市人民检察院经审查认为，林某娜、林某吟、黄某平、陈某真明知林某永、蔡某璇提供的资金是毒品犯罪所得及收益，仍使用上述资金购买房产、土地使用权，投资经营酒行、车行，提供本人和他人银行账户转移资金，符合刑法第一百九十一条的规定，构成洗钱罪。同时，林某娜帮助林某永保管、转移毒品犯罪所得的行为，符合刑法第三百四十九条的规定，构成窝藏、转移毒赃罪。

2015 年 3 月 30 日，佛山市人民检察院依法对林某娜以洗钱罪，窝藏、转移毒赃罪，对林某吟、黄某平、陈某真以洗钱罪提起公诉。2016 年 10 月 27 日，法院作出判决，认定林某娜犯洗钱罪，窝藏、转移毒赃罪，数罪并罚决定执行有期徒刑五年，并处罚金 100 万元，没收违法所得；林某吟、黄某平、陈某真犯洗钱罪，分别判处有期徒刑三年六个月至四年不等，并处罚金 40 万元至 100 万元不等，没收违法所得。宣判后，被告人均提出上诉。2019 年 1 月 24 日，广东省高级人民法院裁定驳回上诉，维持原判。

三、典型意义

1. 检察机关办理毒品案件时，应当深挖毒资毒赃，同步审查是否涉嫌洗钱犯罪。针对毒资毒赃清洗家族化、团伙化的特点，要重点审查家族成员、团伙成员之间资金来往情况，斩断毒品犯罪恶性循环的资金链条。对涉毒品洗钱犯罪提起公诉的，应当提出涉毒资产处理意见和财产刑量刑建议，并加强对适用财产刑的审判监督。

2. 广义的洗钱犯罪包括掩饰、隐瞒犯罪所得、犯罪所得收益罪，洗钱罪，窝藏、转移、隐瞒毒赃罪，应当准确区分适用。第一，洗钱犯罪是故意犯罪，三罪都要求对上游犯罪有认识、知悉。第二，掩饰、隐瞒犯罪所得、犯罪所得收益罪是一般规定，洗钱罪和窝藏、转移、隐瞒毒赃罪是特别规定，一般规定和特别规定的主要区别在于犯罪所得及其收益是否来自特定的上游犯罪，两个特别规定的主要区别在于是否改变资金、财物的性质。第三，适用具体罪名时要能够全面准确地概括评价洗钱行为，一个行为同时构成数罪的，依照处罚较重的规定定罪处罚；数个行为分别构成数罪的，数罪并罚。

3. 穿透隐匿表象，准确识别利用现金和“投资”清洗毒品犯罪所得及收益的行为本质。毒品犯罪现金交易频繁，下游洗钱犯罪也大量使用现金，留痕少、隐匿性强。将毒品犯罪所得及收益用于公司注册、公司运营、投资房地产等使资金直接“合法化”，是上游毒品犯罪分子试图漂白资金的惯用手法。办案当中要通过审查与涉案现金持有、转移、使用过程相关的证据，查清毒资毒赃的来源和去向，同步惩治上下游犯罪。

赵某洗钱案

——退回补充侦查、追加认定遗漏犯罪事实，综合其他证据“零口供”定罪

一、基本案情

被告人赵某，原系国有独资企业天津市某电影集团有限公司（以下简称“电影集团”）金融部职员。

（一）上游犯罪

2012年1月至2018年6月，武某（另案处理）利用担任电影集团金融部副部长、部长、金融顾问等职务便利，伙同王某（另案处理）等人非法侵占公款5587万余元，索取收受他人贿赂680余万元，向他人行贿356万元。武某因犯贪污罪、受贿罪、行贿罪，被判处有期徒刑二十二年，并处罚金200万元。

（二）洗钱犯罪

2012年开始，赵某长期与武某保持情人关系。2013年至2018年6月，赵某向武某提供个人银行账户，多次接收从武某本人银行账户或者武某贪污罪共犯王某实际控制的银行账户转入的武某贪污、受贿款项，共计1200余万元。其中，2013年至2014年，赵某提供银行账户接收从武某银行账户转入的16笔汇款270余万元，后赵某将上述款项转入天津中某地产有限公司（以下简称为“中某公司”）账户，以本人名义购买天津市河西区君某小区一处房产及车位。2015年7月至11月，赵某提供银行账户接收从武某银行账户转入的1笔汇款60万元，接收王某通过其母亲李某的银行账户转入的1笔汇款100万元，并从武某处得知该100万元系王某所给。后赵某将其中20万元转入天津市多家家具公司账户，为此前购买的君某小区房产购置家具，其余140万元以本人名义购买银行理财产品。2016年8月，赵某提供银行账户接收从武某银行账户转入的1笔汇款170万元，后赵某全部转入中某公司账户，以本人名义购买君某小区的另一处房产。2017年1月，赵某提供银行账户接收从武某银行账户转入的1笔汇款100万元，并从武某处得知系王某所给，后以本人名义购买银行理财产品。2018年6月，赵某提供银行账户接收从武某银行账户转入的1笔汇款500万元，后将其中300万元转入本人其他银行账户，其余200万元仍存于原银行账户。

二、诉讼过程

2018年11月12日，天津市公安局东丽分局以赵某涉嫌洗钱200万元将案件移送起诉。东丽区人民检察院审查发现，公安机关认定洗钱数额200万元，系武某明确告知赵某钱款来源的数额；在此前后，武某另有多次向赵某转账，共计1000余万元，武某虽然没有对赵某明示钱款来源，但是资金来源、转账方式、用途与上述200万元一致，可能涉嫌洗钱犯罪。由于赵某否认是武某的密切关系人，否认知悉钱款性质，东丽区人民检察院两次退回补充侦查，列出详细的补充侦查提纲，要求公安机关查证赵某和武某的真实关系，赵某对上述1000余万元资金来源和性质的认知情况。公安机关调取了武某的工资收入、个人房产情况，查明武某财产状况和工资收入水平；调取了武某、赵某任职经历证据，查明二人多年同在电影集团金融部工作且长期为上下级关系；讯问武某、王某，二人供述赵某与武某在同一办公室工作，武某与王某谈业务从不回避赵某，赵某、武某二人长期同居。检察机关认为，补充侦查获取的证据证明，赵某是武某的密切关系人，对武某通过贪污贿赂犯罪获取非法利益应当有概括性认识，应当知道其银行账户接收的1000余万元明显超过武某的合法收入，系其贪污受贿所得。2019年5月16日，东丽区人民检察院对赵某以洗钱罪提起公诉，认定犯罪金额1200余万元。

2019年9月4日，天津市东丽区人民法院作出判决，认定赵某犯洗钱罪，犯罪数额1200余万元，判处有期徒刑五年，并处罚金70万元。宣判后，赵某提出上诉。2020年6月8日，天津市第三中级人民法院裁定驳回上诉，维持原判。

三、典型意义

1. 检察机关办理贪污贿赂犯罪案件，应当同步审查贪污贿赂款物的去向及转移过程，发现洗钱犯罪线索，及时移交公安机关立案侦查。贪污贿赂犯罪人员的近亲属、密切关系人等是洗钱犯罪的高发人群，虽然没有参与实施贪污贿赂犯罪，但是提供资金账户接收、转移犯罪所得，以投资、理财、购买贵重物品等方式掩饰、隐瞒赃款来源和性质，符合刑法第一百九十一条规定的，应当以洗钱罪追究刑事责任。

2. 重证据，不依赖口供。犯罪嫌疑人不供认犯罪的，可以通过审查犯罪嫌疑人对贪污贿赂犯罪分子的职业、合法收入了解情况，双方交往、共同工作、生活情况，双方资金、财产往来情况，接收资金、财产后转移、投资情况，以及接受、转移的资产与其职业、收入是否相符等情况，综合认定犯罪嫌疑人对上游犯罪的了解、知悉状态。

3. 检察机关审查洗钱犯罪案件，要对上游犯罪中相关的涉案财物全面审查，不能局限于移送的犯罪事实。发现遗漏犯罪事实、遗漏其他犯罪嫌疑人的，应当及时通知公安机关补充侦查或者补充移送起诉。要加强与监察机关、公安机关的沟通配合、工作引导，在严厉查办上游犯罪的同时，重视转移、掩饰、隐瞒犯罪所得及收益等洗钱犯罪的查办，并通过查办洗钱犯罪，追缴犯罪所得，有效遏制上游犯罪。

依法从严惩治洗钱违法犯罪
维护金融安全和司法秩序

——最高人民检察院第四检察厅、中国人民银行反洗钱局负责人就联合发布惩治洗钱犯罪典型案例答记者问

党的十八大以来，以习近平同志为核心的党中央高度重视金融安全工作，维护金融安全是关系我国经济社会发展全局的具有战略性、根本性的大事。反洗钱是维护金融安全、完善国家治理和促进双向开放方面

的重要工作。习近平总书记指出，“防范化解金融风险是金融工作的根本任务，要做到管住人、看住钱、扎牢制度防火墙”，为做好反洗钱工作指明了方向。国务院金融稳定发展委员会多次召开会议，对反洗钱工作作出全面指导和具体部署。

随着社会经济的快速发展，各类犯罪与洗钱活动相互交织渗透，洗钱犯罪充当助纣为虐、为虎作伥的角色，洗钱手段不断翻新，涉案金额持续攀升。为非法吸收公众存款、集资诈骗等涉众型犯罪转移非法资金的洗钱案件持续高发，利用网络贩毒、跨境贩毒并清洗毒资毒赃的洗钱犯罪呈现多发态势，利用比特币等虚拟货币进行洗钱的新手段更加隐蔽……各类洗钱犯罪活动给社会稳定、金融安全和司法公正造成严重威胁。

根据党中央、国务院对反洗钱工作的重要部署要求，最高人民检察院、中国人民银行充分发挥部门职能，着力加强协同合作，有力打击了各类洗钱违法犯罪活动，依法严惩了一批犯罪分子。为更好地总结经验，反洗钱工作部际联席会议第十次全体会议后，两部门分别着手在全国范围内整理筛选洗钱罪优秀案例，用于指导基层司法机关和行政监管部门有效开展反洗钱工作。经反复研究，2021 年 3 月 19 日，两部门联合发布六个惩治洗钱犯罪典型案例，这些案例不仅反映了检察机关和人民银行的职能作用，而且充分体现了两部门共同维护金融安全的合作成果，对预防和打击洗钱犯罪起到了很好的示范作用。最高人民检察院第四检察厅厅长、中国人民银行反洗钱局局长就相关问题回应记者关切。

问：这批惩治洗钱犯罪典型案例有哪些特点？

答：此次由最高人民检察院、中国人民银行分别从近年来办理得较为成功的判决生效洗钱案件中认真筛选、充分沟通，挑选出六个在法律适用、案件办理方面有亮点、有指导意义的典型案例。这批典型案例有以下特点：

一是彰显依法从严惩治洗钱违法犯罪的态度。以习近平同志为核心的党中央对反洗钱工作高度重视，各有关部门大力推进反洗钱相关立法、执法和司法工作，全面加大对洗钱违法犯罪的执法司法力度。六个典型案例中，有的是检察机关通过立案监督追加起诉洗钱犯罪嫌疑人，有的是检察机关在审查起诉中追加认定洗钱犯罪数额，有的是检察机关在自行侦查上游犯罪时发现洗钱犯罪线索移送公安机关侦查，有的是检察机关通过综合运用间接证据有力证明和指控洗钱犯罪，有的是行政处罚与刑事处罚双管齐下，从不同侧面展现了检察机关、人民银行对洗钱犯罪不放纵、从严惩治的司法态度。

二是揭示各类上游犯罪的洗钱手段，指导办案，加强警示教育。六个典型案例覆盖了当前多发、常见的洗钱罪上游犯罪类型，包括黑社会性质的组织犯罪、非法集资犯罪、贪污贿赂犯罪、毒品犯罪等，充分揭示了不同上游犯罪下洗钱犯罪的常见手段以及利用虚拟货币洗钱等新型犯罪手段。这些案例不仅在事实认定、法律适用上对司法办案工作具有指导意义，而且也警示社会公众，让大家知道哪些行为是洗钱，避免因贪图私利或者碍于亲情人情而实施了洗钱犯罪行为。

三是展现检察机关、人民银行在反洗钱行刑衔接与协作方面的成效。六个典型案例中，人民银行作为反洗钱行政主管部门，通过行政执法、行政处罚充分发挥行政监管职能，通过移送涉嫌洗钱犯罪案件、协助公安、检察机关追踪资金、固定证据、分析研判，为查处洗钱犯罪提供了有力支持。检察机关作为法律监督机关，在依法追诉洗钱犯罪的同时，切实履行立案监督、引导侦查、追加补充起诉、自行侦查等职能作用，充分体现了检察机关在刑事诉讼中指控证明犯罪的主导责任。人民银行、检察机关通过加大行刑衔接与协作力度，反洗钱执法司法合力不断强化。

问：检察机关在反洗钱工作中发挥了怎样的职能作用，采取了哪些有效举措？

答：近年来，检察机关认真贯彻落实中央关于全面加强反洗钱工作的部署要求，充分发挥检察职能，创新工作机制，与行政监管部门、公安机关等各负其责、相互配合，加大对洗钱犯罪的惩治力度，反洗钱工作取得明显成效。

一是加大洗钱犯罪惩治力度。最高人民检察院和各省级人民检察院建立反洗钱工作领导小组，统筹推进反洗钱检察工作，各级检察机关建立“一案双查”工作机制，在办理洗钱罪七类上游犯罪案件时，同步审查是否涉嫌洗钱罪，深挖犯罪线索，加大追捕追诉与各类上游犯罪相关的洗钱犯罪力度。2020 年，全国检察机关共批准逮捕洗钱犯罪 221 人，提起公诉 707 人，较 2019 年分别上升 106.5% 和 368.2% 。

二是推动修改立法，加强办案指导。最高人民检察院会同中国人民银行等多个部门向全国人大常委会法工委提请修改刑法洗钱犯罪相关条文，推动刑法修正案（十一）对洗钱罪作出重大调整，加大对洗钱犯罪惩治力度。会同最高人民法院、公安部加强对办理洗钱犯罪案件法律适用等方面问题的调研，研究作出指导意见，统一执法司法标准，切实提高办案质效。此次联合中国人民银行发布六个典型案例，更是通过提炼这些案例在指控证明思路、法律适用等方面的亮点，以更加生动具体的方式指导实践办案。

三是强化与人民银行、公安机关等相关部门的沟通协作。在联席会议机制、案件线索发现移送、信息共享、行业治理等方面开展全面协作，共同凝聚行政司法专业化工作合力。

四是注重反洗钱法治宣传。最高人民检察院和地方各级检察机关认真落实普法责任，结合办理的案件，利用传统媒体、门户网站、“两微一端”以及现场普法等多种方式，开展反洗钱宣传，进行警示教育，引导社会公众树立和强化防范、惩治洗钱犯罪意识。

问：在惩治洗钱犯罪方面，金融系统的反洗钱职责如何发挥作用?

答： 金融系统的反洗钱职责体现在预防和协助打击两个方面。金融机构、支付机构等依法履行反洗钱义务，包括建立反洗钱内控制度，开展洗钱风险管理，履行客户身份识别、大额和可疑交易报告、客户身份资料和交易记录保存义务，依法协助行政、执法和司法机关查询、冻结、扣划有关资金交易等。人民银行依法履行反洗钱监督管理、大额和可疑交易报告收集、反洗钱监测分析、反洗钱调查等职责，并配合侦查、监察机关针对相关案件开展反洗钱协查。金融系统可为侦破洗钱和相关犯罪案件提供精准的金融情报和资金流转证据。

2020 年，人民银行下设的中国反洗钱监测分析中心共接收金融机构、支付机构等报送可疑交易报告 258 万份。各级人民银行发现并接收的重点可疑交易线索 16926 份，开展反洗钱调查 7804 次，向侦查、监察机关移送线索 5987 次；配合侦查、监察机关对 3321 起案件开展反洗钱协查，协助破获涉嫌洗钱等案件 710 起；推动以刑法第一百九十一条洗钱罪宣判案件数量是去年的三倍多，配合严惩洗钱犯罪成效显著。本次公布的六个案例，就是这些案件中的典型。

问：刑法修正案（十一）对洗钱罪作了修改，明确将“自洗钱”入罪，请问检察机关将如何贯彻落实好法律新规，继续推动反洗钱工作？

答：刑法修正案（十一）新增“自洗钱”行为构成洗钱罪的规定，上游犯罪分子实施犯罪后，掩饰、隐瞒犯罪所得来源和性质的，不再作为后续处理赃款的行为被上游犯罪吸收，而是单独构成洗钱罪，加大了对从洗钱犯罪中获益最大的上游犯罪本犯的处罚力度。为贯彻刑法修正案（十一）对刑法第一百九十一条洗钱罪的修订要求，最高人民检察院正在会同最高人民法院研究修改洗钱罪，掩饰、隐瞒犯罪所得、犯罪所得收益罪司法解释，对长期存在的法律适用难点和争议点予以明确，对不适应执法司法实际情况的部分规定进行调整。

“自洗钱”入罪是刑法对洗钱犯罪作出的重大调整，检察机关将遵循加大对洗钱犯罪惩治力度的立法原意，理解好、执行好刑法新规定。各级检察机关在办理各类洗钱案件，以及办理上游犯罪案件同步审查是否涉嫌洗钱犯罪的工作程序中，要强化打击“自洗钱”犯罪意识，认真审查上游犯罪分子是否有“自洗钱”行为，发现遗漏认定洗钱罪的，应当要求相关部门移送起诉或者自行侦查；对于证据确实、充分的，可直接以洗钱罪起诉。

问：人民银行如何发挥反洗钱监管职能，促进行政执法和刑事司法紧密衔接？

答：近年来，人民银行以不断强化风险为本的监管理念，持续加大执法检查力度，建立了风险评估和执法检查“双支柱”反洗钱监管体制，2020 年对 614 家金融机构、支付机构等反洗钱义务机构开展了专项和综合执法检查，依法完成对 537 家义务机构的行政处罚，处罚金额 5.26 亿元，处罚违规个人 1000 人，处罚金额 2468 万元。在促进行政执法和刑事司法衔接方面主要着重加强了以下几方面的工作：

一是引导义务机构加强反洗钱履职能力，配合好侦查、司法机关查询、冻结、扣划有关资金交易工作。人民银行持续贯彻“强监管”理念，督促义务机构履行好客户身份资料和交易记录保存等反洗钱职责，采取必要的管理和技术措施，以便及时、准确地协助侦查、司法机关完成资金交易查询、冻结、扣划等工作。

二是在反洗钱执法检查中发现并移送洗钱和相关犯罪线索。近年来，人民银行先后通过编制执法检查手册、应用数据技术分析工具等方式，提升反洗钱监管队伍的执法检查能力，在对义务机构开展执法检查时，除了对合规性义务查深查透，还结合相关交易特征，深入挖掘涉及洗钱犯罪的相关线索，并及时向公安机关移送。

三是指导金融机构根据侦查、司法机关信息开展风险自评估，完善洗钱风险管理。2021 年初，人民银行反洗钱局发布了《法人金融机构洗钱和恐怖融资风险自评估指引》，专门强调金融机构在开展风险自评估工作时，可将“接受司法机关刑事查询、冻结、扣划和监察机关、公安机关查询、冻结、扣划”作为风险自评估因素，并针对发现的高风险领域合理配置反洗钱资源，提升“风险为本”工作能力。

四是根据已有的案件信息开展倒查。人民银行积极运用司法机关已经宣判的洗钱案件信息，以案件为导向回溯查看义务机构反洗钱履职是否到位，针对性发现义务机构存在的风险隐患，并对相关机构和人员进行追责处罚。以这次发布的雷某、李某洗钱案为例，侦查、司法机关准确认定了犯罪分子掩饰隐瞒非法资金的多种手段并将其绳之以法，人民银行据此对涉事金融机构反洗钱履职不当的情形依法给予了行政处罚。

问：下一步检察机关将在哪些方面重点加大反洗钱工作力度？

答：反洗钱是一项系统性工作，需要金融立法、金融基础设施建设、行业自律、行政监管、司法保障等多方面的努力与配合，下一步，检察机关将以办案为中心，依法履行法律监督职责，从以下几个方面加大反洗钱工作力度。

一是持续加大追诉洗钱犯罪力度。强化一案双查，办理上游犯罪，必须同步审查洗钱犯罪线索。在引导侦查取证时，注重引导公安机关及时追查涉案财物实际去向和洗钱线索。在审查逮捕、审查起诉等办案过程中，综合运用立案监督、追加补充起诉等职能，持续加大追诉洗钱犯罪的力度。

二是加强各部门的协调配合。要加强与人民银行及其分支机构在信息共享、线索移送、会商研讨、辅助办案、预防宣传等方面开展常态化协作。同时，也要加强与监委、法院、公安、海关缉私、海警等执法司法部门的协作配合，发挥惩治洗钱违法犯罪的合力。

三是强化检察履职。检察机关在强化惩治洗钱犯罪履职的同时，还要注重发挥法律监督职责，根据办理洗钱案件发现的问题向有关金融机构、特定非金融机构、监管部门提出检察建议，推动完善反洗钱监管措施，加强侦查和审判监督力度，并积极探索开展公益诉讼检察工作，努力从全方位多层次发挥检察机关反洗钱工作职能。

问：人民银行作为反洗钱工作部际联席会议机制的牵头单位，如何充分发挥协调机制作用，共同有效打击洗钱犯罪？

答：2003年，人民银行开始承担组织协调国家反洗钱工作职能，牵头负责反洗钱联席会议机制，建立并不断完善了“人民银行牵头、各单位分工负责”的工作框架。反洗钱工作部际联席会议机制现有21个成员单位，包括金融监管部门、行业主管部门、纪检监察部门、执法部门、司法部门等，在打击洗钱犯罪方面发挥着重要的作用。

2021年3月1日，刑法修正案（十一）生效实施，“自洗钱”行为将单独构成洗钱罪，对于遏制洗钱及上游犯罪具有极其重要的意义。下一步，人民银行将以本次典型案例发布为契机，积极会同联席会议各成员单位，加强宣传学习，深入理解立法意义，压实各部门主体责任，充分发挥行政、执法和司法合力，通过研究出台司法解释和指导意见，开展打击洗钱罪专项行动或比武竞赛，加强部门间交流座谈等多种形式，在司法实践中尽快落实刑法新规定，严厉打击治理各类洗钱犯罪活动，有效防范化解重大风险。

司法实务问题研究

微信群组织抢红包行为的司法认定

鲁海军*

一、微信群组织抢红包行为概述

微信是腾讯公司在 2011 年为智能终端提供即时通信服务的免费应用程序。其功能主要有文字、图片、视频的传输，还具有摇一摇、扫一扫、搜索号码、添加附近的人等功能，而微信红包是在 2014 年 12 月推出的一种微信功能，微信好友间、微信群中可以发送低于 200 元金额、与金钱价值相等的电子红包。目前，微信红包发放存在等额红包和随机红包两种形式，而随机红包则成为赌博的主要形式。行为人在微信群中采用抢红包形式实施的赌博，不同于传统的在一定场地、面对面的赌博，亦不同于网络赌博，其有自己的特性。鉴于目前刑法中仅对传统赌博、网络赌博犯罪进行了明文规制，对于新出现的微信群抢红包犯罪行为并无明文规定，致使其在司法认定中存在一定模糊性，亟待予以澄清。

* 作者单位：江苏省淮安市洪泽区人民法院。

（一）微信群抢红包行为的特征

微信群抢红包，借助微信社交软件中的红包和第三方支付平台，行为人以建立微信群作为赌博场所，该场所不同于实体赌场，亦不同于网络赌场，但其表现出的虚拟空间同网络赌场具有一致性。目前，在刑法尚未对微信赌博进行立法规制的当下，在司法认定中一般是将刑法第三百零三条及相关对网络开设赌场的司法解释作为适法依据，并将微信群组织抢红包视为网络赌博犯罪的新类型。因而，本文不再将网络赌博与微信群抢红包进行区分，仅将其与实体赌场中的赌博行为进行区分。微信群组织抢红包的特征应从其实施的犯罪模式来研究，通过中国裁判文书网已经公开的案例来看，其一般表现为，由组织者建立微信群、制定赌博规则，“代包手”即代发红包的人发红包，组织者按照赌博规则抽头，群内成员抢红包。因而，我们得出微信群组织抢红包行为的特征为“赌场”和“人”的聚合。具体表现在以下三个方面：

1. 赌场开设成本低、操作简单。微信的每个用户可以随时、随心所欲地建立微信群，不需要投入网站设计、硬软件等设备，也无须任何技术，即可将线下的“赌场”搬进微信这个虚拟空间，进而实施开设赌场或聚众赌博等行为，相较于实体赌场及网络赌场的计算机赌博投入成本都小、操作也更简单、灵活。并且，微信群抢红包参与赌博是以“秒”来知晓输赢，用户参与度高且参赌门槛低，缩短组织者、参赌者的时间成本。

2. 参赌人员流动性大、危害性大。实体赌场中，限于时间和地域的关系，开展赌博活动的场地和空间有所限制，组织者、参赌者往往能面对面交往，当面参与赌博；而微信群抢红包则发生在网络虚拟空间，数据成为行为人之间交际的媒介，且不受地域、时间和空间的限制，参赌主体多面向的是不特定多数人或特定多数人，且参赌者大多互相不见面，通过微信群即完成赌博行为。例如，浙江台州警方破获的杨某等人“微信代发红包”赌博案中，涉案人数 300 余人，涉及北京、上海等 10

多个省市及国外多个城市。①

3. 赌博行为迷惑性强、甄别困难。在赌博方式上，实体赌场中的赌博行为需要借助相对固定的赌博场所、参赌工具、使用专业手法操作等，参赌人员多为贪利、好逸恶劳的人员，希望从射幸的、偶然的赌局中非法牟取利益。而在微信群抢红包行为中，参赌人员点击抢红包是其赌博方式且在几秒钟内就能分晓输赢，对于其涉嫌赌博并不自知，微信抢红包表现出极强的迷惑性。迷惑性表现在：其一，标的额小。不同于实体赌场中一次动辄成千上万元的赌注，其赌注在数十元到200元不等，易受麻痹。其二，与娱乐夹杂。人们在微信里都有过给亲友发红包的经历，行为人利用这种行为及建立起来的心理，加之赌博游戏规则所体现出的刺激性与微信红包所体现出的娱乐性的结合，不易为人觉察而陷入。其三，抢红包拼的是“手气”，受害人内心认同，看似公平的规则，实则是让微信红包的随机性、不确定性掩盖了犯罪，让人在不自觉中陷入赌博之中。

（二）微信群组织抢红包行为涉及罪名法源考证

赌博罪与开设赌场罪两个罪名之间的关系从法源上看，开设赌场罪来源于赌博罪，这也是两罪混淆的重要原因。

1. 1979年刑法参照适用。1979年刑法第一百六十八条规定的赌博罪，仅规定了聚众赌博或以赌博为业两种犯罪行为，而对于实践中存在的开设赌场行为，因该法并未禁止类推适用原则，对于当时司法实务中出现的开设赌场行为，虽法无明文规定，但依据类推原则，将其类推为赌博罪，参照赌博罪定罪量刑，即处“三年以下有期徒刑、拘役或者管制，可以并处罚金”。

2. 1997年刑法纳入赌博罪。鉴于社会上存在的开设赌场现状，其提

① 参见宗凤月：《新型社交网络赌博犯罪的进化——以“微信红包”变相赌博为例》，载《犯罪研究》2016年第5期。

供场所，组织他人参与赌博或聚众赌博，社会危害性较此前刑法中已有的聚众赌博或赌博行为更大，且又都是与赌博行为有关，因而在1997年刑法进行修改时，首次明文将开设赌场行为定性为赌博罪，并将其犯罪设定为目的犯，即行为人必须“以营利为目的”。对贪利型犯罪并处罚金刑是我国刑法立法上的一大特点，1997年刑法对赌博罪的附加刑进行调整，对犯此罪的被告人判处一定金额的罚金，让行为人付出更大的经济成本使其得不偿失，不能、不敢再犯罪。可以说，自由刑和财产刑的组合共同构成了赌博罪的刑罚体系，共同承担着惩罚与预防功能。

3. 2006年刑法修正案（六）单独定罪。社会上出现的开设赌场犯罪行为屡禁不止，刑法对该犯罪行为的打击未能有效遏制该类犯罪蔓延的趋势，社会各界对从重打击开设赌场犯罪行为的呼声为立法者所采纳，将其从赌博罪中分立出新的罪名即开设赌场犯罪。在量刑上分两档，第一档保持同赌博犯罪量刑一致，第二档为加重处罚情节，从立法用语分析来看，属于情节犯，处三年至十年有期徒刑，并处罚金。在立法时，虽未明文将“以营利为目的”作为开设赌场罪的犯罪目的，但“以营利为目的”是其作为赌博罪犯罪行为时的特征，已为实践所认可且已经为公众所熟知，再加上其最初来源于赌博罪，在立法上列为同一法条，前述赌博罪中已经明确，如后续再列显属多余，但在实践中“营利”仍是开设赌场罪行为人的目的，也是认定行为人犯罪动机的关键。

二、微信群组织抢红包行为罪名认定的分歧

微信群抢红包行为有别于网络赌博，行为人随意可建立微信群实施赌博，利用受害人对微信红包的接受及贪利心理，实施赌博行为或开设赌场，从中非法牟取利益。在实体赌场中对聚众赌博、开设赌场行为立法上有明文规定，实践处理中亦不存在争议，但在微信群这个特定“赌场”中，对于是认定为聚众赌博罪抑或是开设赌场罪，在司法实践及理论界存在分歧。

（一）司法实践分歧

笔者在中国裁判文书网以“微信群抢红包”进行检索，搜集到2015年至2019年10月间的案例1154件，剔除民事案由及其他类型案由的20件案例，共有1134件有效刑事案例，其中一审991件，二审140件，其他3件，涉及全国三十多个省、直辖市、自治区，其中浙江267件，广东170件，江苏132件，占据发案数量前三名。

通过对微信群抢红包类型案件按照一审、二审两种裁判结果的梳理发现，一审案件中从2015年开始审结此类案件的7件，到2019年1月至10月达到188件，案件数量呈增长趋势，犯罪罪名涉及赌博罪和开设赌场罪，其中以开设赌场罪定罪的897件，作出裁判的案件数量年均占此类案件的79.10%，以赌博罪定罪的237件，仅有部分法院以赌博罪进行定罪量刑（见表1）。

表1　2015年至2019年10月微信群抢红包犯罪一审案件裁判结果统计表

单位：件

罪名＼时间	2015年	2016年	2017年	2018年	2019年1至10月	合计
开设赌场罪	6	110	292	337	152	897
赌博罪	1	37	85	78	36	237
合计	7	147	377	415	188	1134

二审案件中，一审991件案件中有140件上诉或抗诉到二审法院，其中检察机关抗诉仅10件，被告人提起上诉130件，二审在裁判结果上有94件予以维持一审裁判结果，有46件改判一审罪名，改判中有开设赌场罪改判成赌博罪的，也有赌博罪改判成开设赌场罪的（见表2）。

表2　2015年至2019年10月微信群抢红包犯罪二审案件裁判结果（抽样）统计表

案号	一审罪名	上诉或抗诉情况	改判或维持情况	二审罪名
浙江省温州市中级人民法院（2017）浙03刑终972号刑事判决书	赌博罪	上诉	维持	赌博罪
河北省邯郸市中级人民法院（2017）冀04刑终633号刑事裁定书	开设赌场罪	上诉	维持	开设赌场罪
福建省莆田市中级人民法院（2016）闽03刑终581号刑事裁定书	开设赌场罪	上诉	维持	开设赌场罪
黑龙江省绥化市中级人民法院（2017）黑12刑终85号刑事判决书	开设赌场罪	上诉	改判	赌博罪
浙江省嘉兴市中级人民法院（2017）浙04刑终306号刑事裁定书	开设赌场罪	上诉	维持	开设赌场罪
广东省揭阳市中级人民法院（2017）粤52刑终268号刑事裁定书	开设赌场罪	上诉	维持	开设赌场罪
浙江省杭州市中级人民法院（2016）浙01刑终1034号刑事裁定书	开设赌场罪	上诉	维持	开设赌场罪
江西省景德镇市中级人民法院（2017）赣02刑终34号刑事判决书	开设赌场罪	上诉	维持	开设赌场罪
河北省邯郸市中级人民法院（2017）冀04刑终349号刑事判决书	赌博罪	抗诉	改判	开设赌场罪
广东省揭阳市中级人民法院（2016）粤52刑终137号刑事判决书	开设赌场罪	上诉	维持	开设赌场罪
广东省深圳市中级人民法院（2016）粤03刑终2823号刑事裁定书	开设赌场罪	上诉	维持	开设赌场罪
浙江省温州市中级人民法院（2017）浙03刑终1214号刑事裁定书	赌博罪	上诉	维持	赌博罪
广东省潮州市中级人民法院（2016）粤51刑终59号刑事裁定书	开设赌场罪	上诉	维持	开设赌场罪

在样本案例中，一审、二审面对同样的微信群抢红包行为，作出赌博罪、开设赌场罪两种裁判，认定为开设赌场罪的占绝大多数，仅有少

数法院认定为赌博罪，占样本案例数的 14.07%。通过进一步调研发现，浙江温州地区两级法院认定此类犯罪为赌博罪，如浙江省温州市中级人民法院判决张某、娄某忠赌博罪案①，浙江省温州市中级人民法院判决黄某南、方某钻等人赌博罪案②，一、二审皆认定为赌博罪；也有法院一、二审出现分歧的，如黑龙江省绥化市中级人民法院审结的李某杰、张某良赌博罪案③，将一审开设赌场罪改判为赌博罪；河北省邯郸市中级人民法院审结的王某丽开设赌场罪案④，将一审赌博罪改判为开设赌场罪。对同一犯罪行为得出不同的裁判结果，究其根源在于对这种微信群抢红包行为定性徘徊于赌博罪与开设赌场罪之间，未能区分出两罪的界限。而只有实现罚当其罪，发挥司法惩治犯罪、教育公众等功能，才能根本上遏制住此类犯罪行为的社会危害性的蔓延。

（二）理论界分歧

微信群抢红包行为定性纷争实质就是赌博罪与开设赌场罪的纷争，其在法学理论界亦存在纷争，主要存在控制说、公开说、稳定性说和规模说等四种学说。理论指导实践，在法学理论上存在对两种行为不同的认定标准，因而会引发实践中对该犯罪行为认定的混乱。

1. 控制说。区分赌博罪中聚众赌博行为与开设赌场行为，是以对赌场的实际控制力为判断标准，即赌场是被行为人实际控制的为开设赌场行为，不受行为人实际控制的为聚众赌博行为。⑤ 该学说存在的问题表现在：一是在传统赌场中，聚众赌博行为的召集者一般是有一定影响力的人，临时共谋商议赌博，或是先制定规则经众人同意或是共同商议临时制定赌博规则，召集者对赌博秩序具有一定的控制力，对不遵守赌

---

① 参见（2017）浙 03 刑终 972 号刑事判决书。

② 参见（2017）浙 03 刑终 1214 号刑事裁定书。

③ 参见（2017）黑 12 刑终 85 号刑事判决书。

④ 参见（2017）冀 04 刑终 349 号刑事判决书。

⑤ 参见宋君华、邢宏伟、陈启辉：《开设赌场罪与聚众赌博罪之区分——应重点判断行为对赌博活动的控制性》，载《中国检察官》2012 年第 12 期。

博规则、抵赖赌债的人享有清理的特别权力等，其控制力主要为对赌博秩序的维护，因而，该行为无法与开设赌场行为进行区分。二是在网络赌博场所里，赌场是一个虚拟空间，借助赌博网站、微信群等，聚众赌博召集者和赌场开设者都对赌场、赌博行为、赌博秩序等享有控制权，无法区分两罪。

2. 公开说。是以参赌行为否具有隐蔽性作为聚众赌博与开设赌场的区分标准，即开设赌场具有半公开性并以此招来更多参赌人员，聚众赌博则具有隐蔽性，不愿让人发现。① 其存在的问题表现在：一是传统赌场中，聚众赌博具有面对面、人见人的特性，尽管其赌博场地要求较为隐蔽，以逃避监管，但其聚众行为必然会带来众多参与者，参与人自以为采取了隐蔽的手段实施违法行为，但其多数行为呈现公开状态。如农村过节时，聚众赌博已不再是隐蔽、秘密进行，而呈现出公开化，但这种赌博行为无法被认定为开设赌场罪。二是在网络虚拟空间中，网站赌博、微信群抢红包成为线上赌博违法犯罪行为的重要方式，此类赌博行为的赌场不再是实地场所而是虚拟的空间，借助网站、微信群而实现。其隐蔽性一般表现为对参赌人员的身份审核，以此来规避执法机关的打击。同时，通过网络、微信群大肆宣传、扩张，以便于吸纳更多人参与，牟取非法利益，可以说聚众赌博和开设赌场兼具隐蔽性和公开性。因而，隐蔽性并不能成为区分聚众赌博和开设赌场的依据。

3. 稳定性说。该学说认为，赌场的稳定性和临时性是开设赌场与聚众赌博的区分标准，即开设赌场具有一定的稳定性，而聚众赌博具有临时性。② 其存在的问题表现在：一是在传统赌场违法犯罪中，行为人为规避执法机关打击，随时更换赌博场所是常态，毕竟我国大陆法律禁

① 参见罗红兵：《开设赌场罪司法认定中若干疑难问题研究》，载《中国证券期货》2009 年第 7 期。

② 参见邱利军、廖慧兰：《开设赌场犯罪的认定及相关问题研究——以〈刑法修正案（六）〉和“两高”关于赌博罪的司法解释为视角》，载《人民检察》2007 年第 6 期。

止赌博行为，尽管其改变场所，但并不影响其赌博规则的留存，以便于行为人继续实施违法犯罪行为。也就是说，在稳定场所赌博与临时赌博都有可能构成聚众赌博，也有可能构成开设赌场罪，因而在传统赌场犯罪案件中，赌博场所的稳定性抑或临时性并不能区分聚众赌博或开设赌场。二是在网站及微信群中的赌博，其犯罪场所为虚拟的网站或特定的微信群，对其赌博行为所发生的场所的认定，难以用稳定性说来判定，因为行为人可以随时建群，也可以随时撤群，还可以撤群后重新拉人入群，其建群目的是开设赌场，一般认定为开设赌场罪。若行为人利用此方法在特定的群里、召集特定的人实施赌博行为，此种行为应认定为聚众赌博，而不能认定为开设赌场罪。

4. 规模说。该学说认为，可以赌博规模的不同作为区分聚众赌博与开设赌场的标准，即开设赌场中配有专门的荷官、赌资兑换、赌博器械等，且规模大，人数较多，而聚众赌博中则缺少上述人员、设施，即使有从规模上来讲也无法与之相比。[①] 现实中存在的聚众赌博，有较为专业的荷官、操盘手等专业人员，且有一定的规模，同时还会安排人放风，此种类型的赌博行为就难以定性为开设赌场罪。同理，在网站、微信群中的赌博行为，除传统的赌场专业辅助赌博人员外，还增加了（软件、后台程序等）“机器人”操控赌博行为，并以此进行胜负判定、赌资结算，其也同样呈现专业化、规模化，也有的一个人担任几种角色、辅以机器人，对这两种情形毫无疑问应该构成开设赌场罪，而不能按照此学说认定为聚众赌博和开设赌场两个罪名。

上述四种学说，在处理个案时有一定的道理，但对于区分聚众赌博与开设赌场来说，有一定的局限性。控制说侧重于赌博场所的实际控制，无论是线下赌博还是线上赌博，聚众赌博和开设赌场行为都会对赌场有实际的控制权，只不过聚众赌博侧重的是对赌场秩序的控制，开设

---

① 参见吴章涛：《利用微信群赌博的罪名辨析》，载《人民司法·应用》2018 年第 19 期。

赌场侧重的是对整个赌场的控制，赌场秩序仅是其控制赌场的一部分，因而难以有效区分两种犯罪行为。公开说虽然反映出了赌博行为的隐蔽性，但不能就此说明聚众赌博是隐蔽的，开设赌场是半公开性的，即相对于执法机关的查处有相对的隐蔽性，而对于发生赌博行为的特定区域来讲其赌博行为有一定的公开性，只不过是其公开性传递的范围有大小之分，但不影响其公开性的特性。因而，公开说也难以达到区分两种犯罪的目的。稳定性说则是以发动赌博行为是固定还是临时为区分路径，但其忽略线上的赌博如微信群赌博，行为人临时建立群进行赌博，此群便是赌场，按照相应的分工，收取相应返点，非法牟利，是典型的开设赌场行为，如按此观点，将难以认定为聚众赌博。因而，该学说亦存在不合理之处。规模说虽然能从传统的聚众赌博模式中，得出开设赌场无论是赌博方式、赌博服务人员、赌资兑换、参赌人员数量等较聚众赌博的规模都大，但不能以此推断其可以作为区分的标准，因为实践中存在的聚众赌博及微信群赌博、网络赌博也都涉及规模大、人数众多、较为专业等情况，该如何区分，亦存在一定的模糊性，但从目前的审判实践来看，倾向于定开设赌场罪。

三、微信群组织抢红包行为涉及罪名的认定

（一）开放性区分标准之树立

关于聚众赌博微信群抢红包与开设赌场的区分标准问题，在前述理论界四种标准学说的基础上，笔者认为，开设赌场具有开放性，而聚众赌博具有隐蔽性，其可以作为两罪的区分标准。行为人在现实赌场抑或是网络、微信群等虚拟赌场，对于开设赌场而言其开放性主要表现在：一是赌场具有相对固定性。开设赌场目的是希望有更多人参与赌博，从中牟取非法利益，其设置相对固定的赌博场所，便于邀约更多人知晓赌博场地，尽管存在更换场地的可能，尤其是在微信群中赌博，为规避执法机关的侦查，可随时删除群、毁灭证据，但其仍可以建立其他微信

群，且随时可以将参赌人员拉到新建的群中，并不影响其继续实施犯罪行为。赌场在一定范围内为参赌人员所知晓，每次赌博前无须发出邀请，参赌人员会自动到赌场参与赌博。[①] 二是参赌人员流动较大，可通过口口相传，也可以通过微信邀请入群，还可以通过发广告邀请人参加，且任何人都可以成为赌博的介绍人；参赌人员中有以赌博为业的，也有偶尔参与赌博的，有相互认识的，也有互不认识的，参赌人员具有不特定性、不封闭性。反观聚众赌博，则明显具有隐蔽性，其主要表现在聚众赌博多发于临时起意，有召集人负责，临时约定赌博场所而无固定场所，即使存在多次赌博的也大多不是在同一场所，场地流动性较大，且参赌人员多为固定的赌友或认识的人，一般不吸纳外人，其扩散面小、开放性较差，具有较强的隐蔽性。[②]

线下的实体赌场对于聚众赌博、开设赌场两种行为来说，区分难度并不大，产生争议的焦点在于网络及微信群中抢红包赌博行为，为进一步说明开放性标准，以下着重从网络及微信群抢红包中赌场所具备的开放性特征展开。（1）以营利为目的。开设赌场通过建立微信群等相对固定的场所、安排“代包手”等，不仅通过对组织的赌博活动抽头获利，还提供其他如为赌博活动提供赌资借贷等配套服务而获取经营性收入，其开设赌场的就是希望有更多人知晓其赌博微信群，以便于从中牟利。（2）参赌行为的持续性。在实体赌场中，参赌人员聚集在赌场实施赌博行为，而在网络、微信群中的赌博行为，则是在虚拟空间通过网站或微信群等操作，在数据及其绑定的第三方支付平台、银行间进行数据交换，这种相对固定的赌场为赌博行为提供持续性、稳定性的场所空间，使得赌博行为不间断，有别于聚众赌博。因而凭借虚拟空间，如网

---

① 参见李连华、鞠佳佳：《开设赌场与聚众赌博的界限》，载《中国检察官》2009年第4期。

② 参见韩骏、钱安定、李跃华：《以微信抢红包形式进行网络赌博的定性》，载《人民司法·案例》2017年第20期。

站、微信群等线上的传播力、承载力，其社会危害性比实体赌场更为严重。(3) 参赌人员的不特定。无论是实体赌场还是虚拟赌场，开设赌场中的参赌人员具有不特定性，这是由开设赌场行为人非法营利的目的所决定的，即越多的人参赌其非法营利就越多。而聚众赌博则与之相反，其关注点在相约的数人中实施赌博，为规避风险，一般对外的加入持排斥态度，仅限于小规模、小团体之间的赌博。(4) 经营者的组织及管理。开设赌场中会出现相应的管理层，即有组织者、管理者、发牌手、“代包手”等，其中组织者、管理者为固定人员，经过其投入相应的经营管理行为，如建立实体赌场、建立微信群、制定赌博规则、组织相应人员分工等，形成一个较为固定的组织管理团队，其明显有别于聚众赌博，需要加以甄别。

(二) 微信群组织抢红包行为赌博罪的司法认定

鉴于聚众赌博与开设赌场都是“以营利为目的”的犯罪，从开放性的角度区分两个犯罪行为，在微信群抢红包行为中，就是看其建立的微信群中的成员是否为特定的，如果是特定的则为聚众赌博，可以认定为赌博罪。理由是：其一，行为人建立或是利用原有微信群，与群成员间实施赌博行为，体现隐蔽性。尽管其在微信中以建群的形式将其作为赌博场所，是一个随时可变动的相对固定的场所，但这与传统赌博、网络赌博中出现的“打一枪换一个地方”的聚众赌博行为并无实质性区别。其二，参赌人员仅限微信群成员，且成员相对固定，不同于开设赌场的参赌人员不特定性，体现封闭性。即使在微信群中制定了赌博游戏规则及抽头，因缺少特定组织者、实施者，不宜认定为开设赌场罪。例如，叶某等人利用微信群，在群内采用“红包接龙”的形式，抢、发红包，并从中抽头、非法牟利案，尽管其客观上存在微信群这个相对固定的虚拟空间赌场，也存在着赌场规则及抽头，但其仅限定在特定群及其成员间，因而宜认定为（聚众赌博）赌博罪。①

（三）微信群组织抢红包行为开设赌场罪的司法认定

如前所述，认定开设赌场，需要在主观上“以营利为目的”，但不仅限于此；客观上还应设立相应的赌博规则，参赌人员为不特定人，召集了“代包手”、会计等共同参与实施赌博行为，因其满足开设赌场的开放性标准，即有相对固定的赌场、有特定组织实施者、有不特定参赌人员，则应认定为开设赌场罪。如程某等开设赌场案，程某伙同马某（另案处理）、史某（网上在逃），共同出资购买用于赌博的手机、电脑和赌博软件、微信号等，在互联网平台组建了名为“金莎不夜城”（又名微信×××红包群）的微信群，采取猜发放数码大小或单双号等方式组织赌博，先后拉拢参赌人员数十人进群参与赌博，共收到赌资 1476367 元，经二审终审维持一审以开设赌场罪的裁判。②

当然，对于日常生活中常见的如在微信群中，亲戚朋友之间互发红包的馈赠，这正如现实中存在的棋牌室、QQ 中棋牌类游戏等一样，因缺少“以营利为目的”的主观故意，阻却其刑事违法性，且其在客观行为上也未侵犯刑法所保护的法益，而不得认为是犯罪行为。

---

① 参见张建、俞小海：《建立微信群组织他人抢红包的行为应认定为赌博罪》，载《中国检察官》2016 年第 9 期。

② 参见河北省邯郸市中级人民法院（2017）冀 04 刑终 633 号刑事裁定书。

新类型疑难案例选评

罗某利滥用职权案

潘小华*

【裁判要旨】

民警为了本单位的利益不法行使职务上的权限，致使涉案的多名犯罪嫌疑人未被追责，民警的行为已构成滥用职权罪。

一审：（2020）浙0304刑初784号

二审：（2021）浙03刑终71号

【案情】

公诉机关：浙江省温州市瓯海区人民检察院。

被告人：罗某利（案发前任浙江省平阳县公安局民警）。

浙江省温州市瓯海区人民法院经审理查明：2015年至2018年期间，陈某乐纠集林某等社会闲散青年，在浙江省平阳县鳌江镇组成相对固定的恶势力犯罪集团，多次实施寻衅滋事等犯罪行为，造成恶劣的社会影响。2017年5月11日，陈某乐帮朋友向徐某涛讲情，让其宽限朋友欠款的还款期限，但遭到徐某涛拒绝，双方在电话中发生口角。陈某乐认为徐某涛不给自己面子，后得知徐某涛在其位于平阳县鳌江镇曙光

---

* 作者单位：浙江省温州市瓯海区人民法院。

中路的手机店内，便纠集林某、白某鸣、方某品、薛某委等十余人持刀、棍对反锁的手机店大门进行打砸，并向店内扔刀、棍和石头，造成店内徐某涛的朋友陈某战和王某二人被飞溅的玻璃碎片割伤、电脑等财物被砸毁的后果（陈某乐等人打砸手机店案件以下简称陈某乐案）。

浙江省平阳县公安局鳌江镇派出所接警后处置并指派罗某利作为陈某乐案的主办民警，时任鳌江镇派出所所长的张某泽过问陈某乐案并提出让罗某利对陈某乐给予“照顾”。2017年6月5日，陈某乐持其与徐某涛等人私下达成的“调解协议书”来到鳌江镇派出所，罗某利明知陈某乐案根据相关规定不能调解结案，在接受“调解协议书”并对陈某乐进行简单询问后予以“教育释放”，后于同年6月8日以“因该案嫌疑人案后一直在逃，且案情复杂，证据无法短时间内取得，无法在三十日内办结”为由延长办案期限，于同年7月10日以“嫌疑人未到案”为由制作《不能按期结案说明书》，且于此后未继续查办陈某乐案致使陈某乐、林某、白某鸣、方某品、薛某委等多人当时未因此被追究法律责任，此后以陈某乐为首要分子的恶势力犯罪集团进一步发展并实施了开设赌场等犯罪行为。

2018年扫黑除恶专项斗争开展后，浙江省平阳县公安局在梳理研判黑恶线索过程中发现陈某乐等人涉嫌系恶势力犯罪集团成员及陈某乐案未结案（后依法转为刑事案件查处）。2019年7月25日、2020年5月28日，薛某委、陈某乐、林某、白某鸣、方某品等人因犯寻衅滋事罪（其中包括陈某乐案依法被认定为寻衅滋事犯罪）、开设赌场罪（2018年实施）被浙江省平阳县人民法院判处有期徒刑一年至有期徒刑五年六个月等刑罚。

【审判】

温州市瓯海区人民法院经审理认为，罗某利身为国家机关工作人员，不正确行使职权，导致陈某乐等多人未被及时追究法律责任等结果发生，造成恶劣社会影响，其行为已构成滥用职权罪，公诉机关指控的罪名成立，罗某利及辩护人提出其无罪的意见不予采纳，故以滥用职权罪判处罗某利有期徒刑十个月。

宣判后，被告人罗某利以其无罪为由提出上诉。

温州市中级人民法院经审理后驳回上诉，维持原判。

[评析]

“因公”滥用职权的行为定性

新时代新发展需要稳定的社会环境，扫黑除恶专项斗争在肃清社会乱象同时，也暴露出政法队伍中存在的问题。全国政法队伍教育整顿活动是巩固深化扫黑除恶专项斗争成果的重要举措，通过刀刃向内、刮骨疗毒，坚决清除害群之马，整治顽瘴痼疾，锻造新时代政法铁军，助力实现市域社会治理现代化。“有案不立、压案不查、有罪不究”的情形正是全国政法队伍教育整顿重点整治的顽瘴痼疾，故本案涉及“因公”滥用职权行为的定性问题至关重要，但也极具争议，对此有两种截然不同的意见。

第一种意见认为，罗某利因业务能力欠缺等原因导致其主观上并无滥用职权的故意，客观上陈某乐案因双方当事人已调解处理而未造成恶劣社会影响，故其无罪。

第二种意见认为，罗某利由于领导要求“照顾”陈某乐等原因而未依法侦办案件，其主观上有滥用职权的故意，客观上导致多名犯罪嫌疑人未被追责等结果发生，已造成恶劣社会影响，故其有罪。

笔者持第二种意见，是基于如下的分析评判。

一、“因公”滥用职权行为所涉嫌的罪名

滥用职权罪是指国家机关工作人员超越职权，违法决定、处理其无权决定、处理的事项，或者违反规定处理公务，致使公共财产、国家和人民利益遭受重大损失的行为。滥用职权罪属于渎职罪。《最高人民法

院、最高人民检察院关于办理渎职刑事案件适用法律若干问题的解释（一）》（法释〔2012〕18号）第二条第二款规定："国家机关工作人员滥用职权或者玩忽职守，因不具备徇私舞弊等情形，不符合刑法分则第九章第三百九十八条至第四百一十九条规定，但依法构成第三百九十七条规定的犯罪的，以滥用职权罪或者玩忽职守罪定罪处罚。"据此可知，刑法分则第九章"渎职罪"除了滥用职权罪的一般规定外，还规定了许多具体的滥用职权型的渎职犯罪，如徇私枉法罪、徇私舞弊不移交刑事案件罪等特殊的滥用职权型犯罪；滥用职权罪与这些特殊的滥用职权型犯罪之间属于法条竞合关系，是一般法条与特殊法条的竞合，依照特别法条优于一般法条的法条竞合适用原则，国家机关工作人员滥用职权符合"徇私"等特殊滥用职权型犯罪构成要件的按照该特殊规定追究刑事责任，不符合特殊滥用职权型犯罪构成要件但符合一般滥用职权罪构成要件的以滥用职权罪追究刑事责任。2003年11月13日最高人民法院印发的《全国法院审理经济犯罪案件工作座谈会纪要》指出："国家机关工作人员为了本单位的利益，实施滥用职权、玩忽职守行为，构成犯罪的，依照刑法第三百九十七条第一款的规定定罪处罚。"因此，无论相关行为人是"徇私"还是"因公"所涉嫌的都是滥用职权罪这一罪名。

二、罗某利有超越职权，违法决定、处理其无权决定、处理的事项，或者违反规定处理公务的客观行为和主观故意

滥用职权是与国家机关工作人员职务权限相关的行为，是违反了职务宗旨的行为，是以不当目的或者以不法方法实施职务的行为；出于不当目的实施职务行为，即使从行为的方法上看没有超越职权也属于滥用职权。滥用职权行为的表现形式有两种：一是行为人违反法律规定的权限和程序，非法地行使本人职务范围内的权力；二是行为人超越本人职权范围而实施有关行为。据此，对照罗某利的法定职权分析其客观行为：2008年6月25日《最高人民检察院、公安部关于公安机关管辖的

刑事案件立案追诉标准的规定（一）》第三十三条规定“纠集3人以上公然毁坏公私财物的”应予立案追诉，“陈某乐案”显然符合此情形；根据2016年《公安机关执法细则（第三版）》等相关规定，罗某利作为陈某乐案的主办民警应依法开展勘验检查、委托鉴定、讯问嫌疑人和询问证人等侦查工作且不得调解处理，但罗某利并未按规定合法、及时、客观、全面地收集证据材料，而是接受“调解协议书”并将陈某乐“教育释放”，后又以“嫌疑人案后一直在逃”为由延长办案期限、以“嫌疑人未到案”为由制作《不能按期结案说明书》并未按规定侦办，故此完全符合滥用职权行为的表现形式。犯罪行为是主体主观见之于客观的一种社会活动。[①] 滥用职权罪的主观方面是故意，至于行为人是为了自己的利益滥用职权，还是为了他人利益而滥用职权，则不影响本罪的成立。滥用职权通常表现为故意不正确行使职权或者超越职权，但行为人对行为本身的故意并不意味着行为人对行为结果所持的态度是希望或者放任。滥用职权罪的主观罪过是“实含的复合罪过形式”，即基于司法实践的经验与逻辑推理，立法机关将某些实践中难以区分或根本不可能区分具体罪过形式的犯罪隐含地规定为复合罪过犯罪，在理论上其罪过形式应是间接故意与轻信过失之复合。[②] 本案中，罗某利具有法学专业大学文化，接受过相关警务培训，并有十二年派出所工作的经历以及依法主办类似案件的经验，且因工作而获各项荣誉，结合其在本案中的上述客观行为亦反映其主观犯意，据此足以排除其在本案中的行为系过失所致，应认定其基于领导“过问”、提出“照顾”等原因而故意为之，其对此亦曾予以供认。

三、罗某利的行为致使公共财产、国家和人民利益遭受重大损失

滥用职权罪是结果犯，以造成“重大损失”为构罪的必要条件，

① 参见周其华：《犯罪构成三要件论》，载《中国刑事法杂志》2000年第5期。

② 参见郑勇、杨尚文：《滥用职权罪的主观罪过辨析》，载《科教文汇》2007年第8期。

这也是区分滥用职权罪与一般滥用职权行为的界限。根据《最高人民法院、最高人民检察院关于办理渎职刑事案件适用法律若干问题的解释（一）》规定，认定滥用职权罪中“致使公共财产、国家和人民利益遭受重大损失”的情形包括“造成恶劣社会影响”。评判是否造成恶劣社会影响，应当根据司法实践和有关规定，对所造成恶劣社会影响的实际情况按直接责任人的职权范围全面分析，以确定应承担责任的大小。罗某利身为人民警察，肩负侦查违法犯罪活动等法定职责，应当做到秉公执法，但本案导致有前科劣迹的多人实施公然毁坏公私财物的寻衅滋事犯罪后未被追责，根据人民群众对公安工作的现实需求和愿望，结合陈某乐案犯罪行为的社会危害性，这已严重损害国家机关的正常活动和声誉，足以认定其行为“造成恶劣的社会影响”，应当属于“致使公共财产、国家和人民利益遭受重大损失”的情形。此外，滥用职权行为与造成的恶劣社会影响之间的因果关系错综复杂，有直接或间接原因，有主要或次要原因，有领导者或直接责任人员的责任；实践中，应根据刑法因果关系的原理，通过分析行为人的行为导致结果发生的可能性大小、介入因素对结果发生的作用大小、介入因素的异常程度等来判断行为人的行为与结果之间是否存在因果关系。本案中，罗某利作为“陈某乐案”的主办民警是直接责任人员，其滥用职权行为是导致“造成恶劣社会影响”的直接原因、主要原因，据此足以认定其“滥用职权”的行为与“造成恶劣社会影响”的结果之间有必然因果联系，具有刑法上的因果关系。

综上，罗某利的行为造成恶劣社会影响且其拒不认罪，不符合免予刑事处罚的法定条件。参照《最高人民法院关于常见犯罪的量刑指导意见》确定的量刑指导原则，结合全案情况客观分析其作为直接责任人员应承担的责任，以及当前的刑事政策、社会形势，参考关联案件处理、同地区同时期相似判例，并充分考虑各种量刑情节及其主观恶性、认罪态度等因素，判处罗某利有期徒刑十个月是罚当其罪，确保了罪责刑相适应，更实现了裁判的法律效果和社会效果、政治效果有机统一。

《最新法律文件解读》丛书

稿　约

《最新法律文件解读》是一套以为最新法律规范提供同步“解读”为主的系列丛书，分为刑事、民事、商事、行政与执行4个分册，按月出版。

本丛书以“解读”为重点，突出全、专、新、快、准等特点，通过对最新出台的法律、法规、司法解释、部门规章以及重要地方性法规进行同步动态解读，弥补了法律、法规、司法解释汇编类出版物没有同步阐释、解读内容的不足，为广大读者学习理解最新法律规范，正确贯彻执行法律文件，及时解决实践中的新情况、新问题，提供一个全方位、多层面的法律信息平台。

欢迎您向以下栏目赐稿：

【最新法律文件解读】主要是对最新颁行的法律文件进行解读，帮助司法和执法人员正确理解法律文件的立法背景、意义、重点内容、在适用中应注意的问题、与相关法律文件的衔接与互动关系等。

【司法实务问题研究】主要刊登对司法理论、实务及司法管理工作中的热点、疑难问题进行研究及评论的文章。

【新类型疑难案例选评】主要是对司法和行政执法实践中具有典型性和代表性的疑难案例，结合具体案情以及审理或处理结果进行简练精辟的点评，解析认识问题的方法、处理问题的法律依据和在个案中的具体适用。

【法学前沿与新视点】以摘要的形式刊登相关法学理论研究的最新动态及具有代表性和典型性的前沿问题，扩展法学研究的深度和广度。

【法律适用问题解答】主要针对司法和行政执法实践中面临的新问题、热点问题、疑难问题进行简要的解答，指出涉及的法律关系，明确法律适用依据。

稿件一经刊用即付稿酬，稿酬从优。

《刑事法律文件解读》　杨晓燕　邮箱:5184621@qq.com

《民事法律文件解读》　丁丽娜　邮箱:dlnlaw@163.com

《商事法律文件解读》　路建华　邮箱:shangshijiedu@126.com

《行政与执行法律文件解读》　张　奎　邮箱:271717306@qq.com

人民法院出版社

《最新法律文件解读》丛书编辑部